CONFESSIONS
D'UN
HOMME DE COUR,

CONTEMPORAIN DE LOUIS XV;

RÉVÉLATIONS HISTORIQUES
SUR LE XVIIIme SIÈCLE:

PUBLIÉES
Par J. Dusaulchoy et P.-P. Charrin.

TOME TROISIÈME.

PARIS.
WERDET, LIBRAIRE-ÉDITEUR,
RUE DES GRANDS-AUGUSTINS, N. 21.
LEVAVASSEUR. — CORBET.

1830.

CONFESSIONS

D'UN

HOMME DE COUR.

IMPRIMERIE DE A. BARBIER,
RUE DES MARAIS S.-G., N. 17.

CONFESSIONS

D'UN

HOMME DE COUR,

CONTEMPORAIN DE LOUIS XV;

RÉVÉLATIONS HISTORIQUES

SUR LE XVIIIme SIÈCLE:

PUBLIÉES

Par J. Dusaulchoy et P.-J. Charrin.

TOME TROISIÈME.

PARIS.
WERDET, LIBRAIRE-ÉDITEUR,
RUE DES GRANDS-AUGUSTINS, N. 21.
LECOINTE. — LEQUIEN.

1830.

CONFESSIONS
D'UN HOMME DE COUR,

CONTEMPORAIN DE LOUIS XV;

RÉVÉLATIONS HISTORIQUES

SUR LE XVIIIᵐᵉ SIÈCLE.

CHAPITRE XXV.

Célèbre bureau d'esprit. — Madame Dudeffant. — Buffon. — Le président Hénault. — Pont-de-Veyle. — Horace Walpole.

Le lendemain du départ d'Aglaé le chevalier d'Érigny entra de bonne heure dans ma chambre.

« Je viens vous demander, mon cher Gustave, me dit-il, si vous avez pris quelque engagement pour ce soir?

— » Aucun, chevalier; je me proposais seulement d'aller à la Comédie-Française;

mais, cette partie peut se remettre. Je suis donc à votre disposition.

— » En ce cas, je vous retiens pour toute la soirée. Avant notre départ pour l'armée, je veux vous faire connaître les hommes qui forment aujourd'hui la sommité de notre littérature et dirigent l'esprit du siècle. Pour les bien apprécier, il faut que vous les observiez au milieu des cercles où ils se rassemblent habituellement, où ils ne dissimulent aucune de leurs opinions, aucun de leurs sentimens, en un mot, où ils pensent tout haut. Je vous présenterai donc ce soir chez la marquise Dudeffant, que Voltaire a surnommée l'*Aveugle clairvoyante*, parce qu'elle est, depuis dix ans, atteinte de cécité, et qu'on rencontrerait difficilement une femme qui réunit aussi éminemment la justesse à la finesse de l'esprit, la délicatesse du goût à la causticité. Un autre soir, nous irons chez la sentimentale de l'Espinasse qui, de demoiselle de compagnie de la spirituelle aveugle, est devenue sa rivale, lui a enlevé les philosophes, et qui, suivant ses propres expressions, *aime pour vivre et vit pour aimer*. Je vous ferai faire aussi connaissance avec la bonne madame Geoffrin, dont la maison est le rendez-vous du talent et du mérite en tout genre, qui n'existe que pour faire du bien, et en qui la vieillesse semble réconciliée avec les grâces.

» Ces dames réunissent chez elles, les beaux esprits, les savans, les artistes célèbres. On ne s'y entretient que de littérature, de sciences et de beaux-arts. Là se font et se défont les réputations ; là, on noue les intrigues pour les fauteuils académiques ; là enfin, des personnages médiocres ou nuls viennent se grouper autour des grands talens, et, ne pouvant lutter avec eux de mérite, croyent qu'ils partageront quelques rayons de leur gloire, en s'attachant à eux, en se mêlant de leurs travaux, de leur réputation, de leurs succès, en s'associant à leurs rivalités, à leurs manéges, à leurs cabales. On appelle, par dérision, les maisons dans lesquelles se tiennent ces assemblées, des *bureaux d'esprit*, et même des *coteries littéraires*. Mais ces coteries sont moins dangereuses que les *clubs politiques et délibérans*, que la ridicule fureur d'imiter les Anglais finira par introduire au milieu de nous.

— » Il me semble, mon cher mentor, que l'établissement des bureaux d'esprit n'est pas nouveau; dans le beau siècle qui a précédé celui où nous vivons, il y avait l'hôtel de Rambouillet et d'autres sociétés d'hommes et de femmes, distingués par les plus rares qualités de l'esprit, et qui offraient des modèles d'une conversation tout à la fois ingénieuse, brillante et solide. Madame de Sévigné en parle dans ses lettres; elle en faisait partie, ainsi que le duc de La Rochefoucauld, madame de Lafayette et d'autres personnages illustres.

— » Votre remarque est juste; mais, observez aussi, que les dons précieux de l'esprit, qui font le charme des salons, n'étaient alors départis, mais à un très-haut degré, qu'entre un petit nombre de génies privilégiés, et qu'ils le sont aujourd'hui dans un nombre considérable de personnes des deux sexes. L'éducation, plus répandue qu'au dix-septième siècle, a fait faire à la civilisation d'immenses progrès en France; ces progrès ont étendu et perfectionné toutes les jouissances qui naissent des richesses, du luxe et des relations sociales...

— » Et, sans doute, cette universalité de

civilisation ne s'est établie qu'aux dépens de la solidité de l'instruction ?

—» Ajoutez que l'habitude qu'on a contractée d'attacher trop de valeur aux bluettes brillantes, mais fugitives de l'esprit, a énervé les vertus publiques, fait dégénérer les caractères mâles et grands, et considérablement diminué le nombre des actions nobles et patriotiques.

—» Les conséquences que vous tirez de ce changement, très-remarquable, sans doute, dans nos mœurs et dans nos habitudes, me semblent un peu sévères.

—» Je vais plus loin : il résulte de ce changement, que l'on a donné à la littérature une importance excessive, une importance qui, souvent, devient puérile et ridicule. Les gens de lettres ont quitté leurs cabinets pour se répandre dans le monde; ils y ont retrouvé les grands seigneurs et les hommes opulens qui avaient été leurs compagnons d'études, et ceux-ci les ont accueillis avec enthousiasme. Dès-lors, une sorte d'émulation s'est élevée entre eux, et les femmes ont partagé l'engouement des hommes.

» Dans l'origine de cet état de choses, on se borna modestement à des compositions légères dont l'agréable variété fit les délices des salons. C'était substituer, il est vrai, des frivolités à des frivolités ; mais, celles-ci exerçaient les facultés de l'esprit : on se proposait des *synonymes*, ou l'on faisait des *portraits*.

» Les *synonymes* demandaient de la finesse, pour saisir les nuances délicates qui distinguent des expressions que le vulgaire est dans l'usage de confondre ; de la justesse, pour en déterminer les différentes acceptions ; de l'invention et une manière facile de s'exprimer, pour appuyer, par d'heureux exemples, la théorie que l'on établissait.

» Les *portraits* exigeaient plus de talent que les *synonymes*, car il fallait peindre les qualités du cœur, de l'esprit et du caractère des personnes les plus remarquables, avec lesquelles on se trouvait dans la société. Il était même impossible de réussir dans ce genre de composition, sans être doué d'un coup-d'œil un peu observateur, puisque les portraits sont considérés comme l'une des parties les plus difficiles de l'histoire, du roman et des éloges académiques, qui tiennent du roman et de l'histoire.

— » Eh bien ! m'écriai-je, ce que vous venez de m'apprendre est une preuve que j'avais raison de vous dire, que vous tiriez des conséquences trop sévères, de circonstances dont il résulte seulement que l'instruction a perdu de sa solidité.

— » Écoutez-moi jusqu'à la fin, se hâta de me répondre le chevalier d'Érigny. Si les passe-temps spirituels et piquans dont je parle, ne tendaient point à former le cœur à la vertu, je conviens qu'ils offraient du moins l'avantage d'exercer l'imagination et de perfectionner le goût. Je conviens de plus que si l'on n'y eût pas renoncé, tout ce que l'on en pouvait craindre était qu'ils n'entretinssent les Français dans une perpétuelle frivolité.

» Mais bientôt ce fut autre chose. De l'engouement pour les synonymes et pour les portraits, on passa à la manie d'être philosophe; on ne rêva plus qu'aux moyens d'introduire dans la littérature, dans les sciences, et surtout dans la politique, la philosophie, ou les divagations que l'on décore de ce beau nom. Telle est notre situation actuelle. Les gens les moins instruits jugent du ton le plus tranchant les productions littéraires, dont souvent ils n'ont lu que des extraits dans les journaux; des femmes sont géomètres, et chacun prétend à la gloire de faire une Utopie, afin de substituer aux lois fondamentales de notre monarchie, les rêves d'un cerveau en délire.

» Je vous avoue, mon cher Gustave, que je ne puis me défendre d'une terreur secrète, en considérant l'insouciance avec laquelle le gouvernement de Louis XV voit un débordement si dangereux se grossir sans y opposer aucune digue. Vous serez bientôt à portée de juger si je me trompe, lorsque je tremble que l'audace des doctrines, la confusion générale des idées, et les labyrinthes dans lesquels on s'égare, ne nous conduisent à des abîmes... A ce soir donc, mon ami. » Et il me quitta.

Je desirais vivement de connaître les beaux-esprits et les philosophes, dont les noms étaient dans toutes les bouches, et dont j'avais déjà lu plusieurs productions. Je sus donc beaucoup de gré au chevalier, de la proposition qu'il venait de me faire. Le soir même, à sept heures, nous étions au couvent de Saint-Joseph, rue Saint-Dominique, dans les bâtimens extérieurs duquel résidait madame Dudeffant.

J'eus bientôt lieu de me convaincre, par la conversation de cette femme célèbre, combien elle était amie du naturel et de la simplicité; combien elle haïssait l'affectation et la recherche. La raison, un jugement sain lui inspiraient des pensées pleines de sens; et toujours le goût le plus pur présentait à son esprit un tour fin et délicat pour les exprimer. Lançait-elle un trait malin, c'était avec beaucoup de grâce et de ménagemens. La piqûre était si légère, qu'elle ne faisait qu'effleurer et ne blessait jamais. Notez que je ne parle ici que de la conversation de madame Dudeffant; elle gardait moins de mesure dans le secret de ses correspondances, secret qu'elle ne croyait pas que l'on violerait après sa mort.

Quant à son caractère, les relations suivies que j'ai entretenues avec elle, m'ont prouvé que l'égoïsme et la méchanceté dont on l'accusait avaient été infiniment exagérés.

Madame Dudeffant était née en 1696, d'une famille illustre du Bourbonnais; son père se nommait Gaspard de Vichy, et sa mère appartenait à la maison des Brulart. Son éducation fut très-soignée, et ses heureuses dispositions en accélérèrent les progrès. Assez médiocrement partagée sous le rapport de la fortune, et ne pouvant espérer de faire un mariage de son choix et à son gré, elle prit, à l'âge de vingt-deux ans, le premier parti convenable qui s'offrit, et que ses parens lui proposèrent. Ce fut le marquis Dudeffant, colonel de dragons.

Dès qu'elle se vit mariée, elle eut des soupers, des cercles, des adorateurs; sa maison devint le rendez-vous de tout ce que Paris contenait d'illustre parmi les Français et les étrangers. Grands seigneurs, ministres, hommes d'esprit de toutes les conditions, femmes belles et aimables, tous regardaient comme un avantage, et tenaient, pour ainsi dire, à honneur d'y être admis.

Les succès des hommes de lettres, que madame Dudeffant recevait, firent naître en elle une tentation très-vive de se faire aussi, par quelques productions, une réputation littéraire. Ses amis composèrent des pièces fugitives dont elle leur donnait les idées principales; ensuite elle les envoyait, sous son nom, aux journaux et à l'éditeur de l'*Almanach des Muses*.

A cette époque, la fidélité conjugale, en France, n'existait que de nom dans le grand monde, et ce nom semblait n'avoir été imaginé que pour en faire un sujet d'épigrammes. Toute femme d'un certain rang, lorsqu'elle était mariée, se considérait comme ayant *un droit tacite et reconnu*, de donner un substitut à son époux. Madame Dudeffant agit conformément à ce *droit*. Son mari se fâche; une séparation en est le résultat. Quelque temps après, il prend fantaisie à la dame de provoquer un raccommodement. Le bon Dudeffant accepte la proposition; mais l'amant furieux abandonne la place. Cependant l'amour-propre et le desir de se venger le ramènent près de sa belle, que son absence accablait d'ennui. Alors, pour conserver un amoureux si peu accommodant, elle force de nouveau son pauvre mari à la retraite. Hélas ! il n'est pas plus tôt parti, que le cruel amant, qui n'a eu d'autre but que celui d'obtenir ce sacrifice, procède à une rupture éclatante et sans retour. Voilà donc madame Dudeffant, privée tout à la fois de son mari et de son amant, devenue la fable du public, l'objet d'une infinité de sarcasmes, et délaissée de ses amis.

Mais, quand l'âge de la galanterie fut passé, elle recouvra la considération qu'elle avait perdue, ou plutôt elle en obtint une très-grande. En 1750, M. Dudeffant mourut; comme elle n'en avait pas d'enfans, elle se trouva réduite à une fortune médiocre : il fallut quitter son hôtel et toutes ses habitudes de représentation. Ce fut alors qu'elle se retira au couvent de Saint-Joseph, y prit un logement modeste, et y passa les trente dernières années de sa vie.

Cet arrangement économique n'apporta cependant qu'un léger changement à sa manière de vivre; elle allait beaucoup chez les autres; on venait beaucoup chez elle. Les duchesses de Luxembourg, de La Vallière, de Choiseul, du Châtelet; MM. d'Alembert, de Buffon, de Montesquieu, Marmontel, le président Hénault, etc., s'y rendaient journellement. C'était une particularité assez remarquable que cette assemblée habituelle de philosophes dans un couvent de religieuses.

Les soirées commençaient à six heures, et se terminaient par un petit souper, dont la gaîté, les nouvelles du jour, et l'esprit des convives, faisaient le principal mérite. Madame Dudeffant n'était pourtant pas insensible à celui du cuisinier : *Que la chère soit bonne*, lui disait-elle, *j'ai besoin de monde plus que jamais*. Elle aimait aussi, par gourmandise, une table bien servie, et répétait souvent : *Les soupers sont certainement une des quatre fins de l'homme; j'ai oublié les trois autres*. Avec une telle façon de penser, lorsque l'on a encore un bon cuisinier, et qu'on peut donner à souper, quoique l'on soit aveugle, on ne manque jamais de société; les soupers de madame Dudeffant continuèrent donc à attirer chez elle fort bonne compagnie.

Le cachot éternel, dans lequel cette dame était plongée, (ainsi elle appelait la privation de la vue) lui fit sentir la nécessité de s'attacher, comme demoiselle de compagnie et comme lectrice, une jeune personne bien élevée. On lui recommanda Julie de l'Espinasse, qui ne connaissait ni son père, ni sa mère, et avait jusqu'alors vécu dans un couvent où sa pension était secrètement payée. Madame Dudeffant prit cette demoiselle, et, charmée des agrémens de son esprit, elle eut pour elle des égards et des bontés infinies.

Bientôt on put aisément s'apercevoir qu'elle n'aurait pas long-temps à s'en louer. En effet, Julie de l'Espinasse finit par se brouiller ouvertement avec la femme qui l'avait recueillie et présentée dans le monde. Voici comment cet événement arriva :

Madame Dudeffant, qui ne se levait qu'à quatre à cinq heures après midi, n'était visible qu'à six; mademoiselle de l'Espinasse, au contraire, avait pris l'habitude d'être visible une heure ou deux plus tôt, et employait à recevoir les amis de madame Dudeffant, dont elle faisait aussi les siens, le temps qu'elle avait gagné sur elle. Mais les amis s'oubliaient dans la chambre de la jeune pupille, et se rendaient plus tard dans le salon de leur vieille patronne. Madame Dudeffant découvrit ce petit manége; dans son courroux, elle se plaignit d'avoir *réchauffé un serpent dans son sein*. Choquée de l'expression, mademoiselle de l'Espinasse quitta brusquement sa protectrice, et éleva autel contre autel, académie contre académie. De là un schisme entre les philosophes et les gens de lettres; car madame Dudeffant exigea que l'on optât entre elle et sa rivale. La plupart, et d'Alembert à leur tête, reconnaissans des faveurs de la nouvelle divinité, furent infidèles à leur ancien culte. Madame de Luxembourg, qui ne cessa jamais d'être l'amie de madame Dudeffant, orna le nouveau temple, et se chargea de tous les frais de l'ameublement. Mais ce que l'on a toujours ignoré, c'est que madame de Luxembourg n'était, dans cette circonstance, que la fondée de pouvoirs de madame Dudeffant : ce fut cette prétendue égoïste qui, malgré son ressentiment contre mademoiselle de l'Espinasse, paya généreusement les frais dont il s'agit, et n'en parla jamais. Je tiens ce fait de la bouche même de madame de Luxembourg.

Après une séparation qui fit tant de bruit, on pense bien que la haine des deux rivales s'accrut de jour en jour. Mademoiselle de l'Espinasse se jeta à corps perdu dans le parti des philosophes : elle s'en fit des louangeurs outrés, et les institua détracteurs journaliers de madame Dudeffant. Mais les gens sages, qui ne tenaient point à d'autre parti qu'à celui de la raison, de la justice et des convenances sociales, prononcèrent d'une voix unanime, qu'après avoir été comblée de bienfaits et d'égards par madame Dudeffant, mademoiselle de l'Espinasse s'était rendue coupable d'une noire ingratitude.

Le jour où le chevalier d'Érigny me présenta chez madame Dudeffant, les partis étaient encore très-animés. Cependant je dois dire que l'on ne parla de mademoiselle de l'Espinasse qu'avec beaucoup de modération. Parmi les personnes qui entouraient l'aveugle-clairvoyante, on distinguait madame de Luxembourg, madame la princesse de Beauveau, madame la duchesse de La Vallière, madame la duchesse de Choiseul, le modèle des femmes; le comte de Buffon, le comte Fériol de Pont-de-Veyle, le président Hénault, Horace Walpole, comte d'Oxfort, pair d'Angleterre. Il était difficile de se trouver en meilleure compagnie.

Mais je fis une remarque à laquelle j'étais loin d'être préparé : quoique laissant échapper souvent des traits de génie, M. le comte de Buffon était, dans la conversation, bien inférieur à ce que le style de ses ouvrages faisait espérer. Il n'employait aucune expression choisie; les tournures de ses phrases étaient presque triviales, et l'ensemble de son langage si complètement bourgeois, que pour être certain que l'on entendait le peintre éloquent et souvent sublime de la nature, il fallait que l'identité du personnage fût bien constatée.

Je me suis convaincu depuis que, dans ses correspondances particulières, ce grand homme n'était pas plus heureux que dans la conversation. Pour faire éclater la supériorité de son génie et de son admirable talent, il ne suffisait pas qu'il eût la plume à la main, il fallait qu'il composât un ouvrage, et que son style fût soutenu par la force de la méditation et par le ressort de la pensée.

D'un mérite bien inférieur à celui de Buffon, le président Hénault obtenait, dans les cercles, des succès qui se renouvelaient tous les jours. On ne s'exprimait pas d'une manière plus facile, plus aimable que ce président. Il était alors âgé de soixante-treize ans, et avait conservé tout l'enjouement de la jeunesse. Né avec une grande fortune, doué d'un esprit vif, agréable, un peu frivole, d'un goût épuré, d'une superficie de talent très-séduisante, il possédait l'art de faire valoir les petites choses, et réunissait à ces qualités un caractère liant, une bienveillance naturelle pour les autres, et le desir constant de plaire : aussi jouit-il du rare privilège de ne faire ombrage à personne, d'être aimé sans avoir un seul ennemi, et il fut l'homme le plus heureux de son temps.

Faisant de jolis vers de société, donnant d'excellens soupers, on le vit à la mode, même aux approches de la vieillesse, et quand il y fut parvenu, l'usage du grand monde et les agrémens de l'esprit qu'il avait conservés le faisaient encore rechercher.

Afin d'obtenir, sans fatigue, le genre de considération qu'il préférait à tout autre, il quitta de bonne heure le Palais, avec le titre de président honoraire, acheta la charge de surintendant de la maison de la reine, chargea l'abbé Boudot, employé à la bibliothèque du roi, de composer, sous ses yeux, l'*Abrégé chronologique de l'Histoire de France*, et pour reconnaître ce service, il fit gagner, à sa table, au bon abbé, une infinité d'indigestions.

Il est maintenant reconnu que cet Abrégé n'est pas, à beaucoup près, sans mérite; mais aussi que ce mérite a été apprécié beaucoup trop haut; s'il eût paru sous le nom d'un pauvre diable, relégué dans les mansardes d'un quatrième étage, il n'eût pas reçu la dixième partie des éloges qui furent prodigués au président. Il lui valut bien plus que des éloges, car il lui procura le double titre de membre de l'Académie française, et de celle des inscriptions et belles-lettres.

Le président mit dès lors dans cet ouvrage toute sa gloire, toute son existence, et ne s'occupa plus qu'à en soigner et multiplier les éditions. A peine en avait-il terminé une qu'il en recommençait une autre. Par ce moyen il n'entendait parler tous les jours que de son enfant chéri. On le traduisit en allemand, en italien, en anglais et même en chinois; anecdote remarquable et qui fait époque dans l'histoire littéraire.

Dans sa jeunesse, le président Hénault avait été l'amant de madame Dudeffant. Depuis il n'y avait plus entre eux que de l'amitié. Ils s'étaient devenus mutuellement si nécessaires l'un à l'autre qu'ils ne passaient pas un seul jour sans être ensemble.

Le comte de Pont-de-Veyle, fils d'un président à mortier du parlement de Metz, neveu du cardinal de Tencin, et frère du comte d'Argental, l'ami le plus fidèle de Voltaire, qui l'appelait *son ange*, était l'un des hommes du dix-huitième siècle, les plus gais et les plus fertiles en mots plaisans : son goût dominant le portait à faire des chansons; au collége, il en fit contre ses livres de classes, et, dès son entrée dans le monde, il s'amusa à parodier les airs les plus difficiles. Ce fût lui qui dirigea les premiers essais de Laujon et de Philippon de la Madelaine ; s'il eût prolongé sa carrière jusque dans ce siècle, où je suis arrivé pour être témoin de tant de secousses politiques et de changemens extraordinaires, on l'eût vu aux *Dîners du Vaudeville*, au *Caveau Moderne*, et aux *Soupers de Momus* inspirer de spirituels, de piquans refrains aux convives de ces trois sociétés, à ces joyeux et francs épicuriens que l'on doit considérer comme les conservateurs de la véritable gaîté française.

Pont-de-Veyle, cependant, ne s'est pas borné à courtiser la muse légère de la chanson il a su facilement réussir dans un genre plus élevé. Ses comédies le *Complaisant*, le *Fat puni* et le *Somnambule*, attestent qu'il n'avait pas infructueusement ambitionné les faveurs de Thalie.

Sa famille voulait qu'il entrât dans la magistrature; mais, la gravité obligée d'un homme de robe était incompatible avec sa manière d'être. Il fallut donc tout le desir qu'il avait de ne pas déplaire à ses parens, pour qu'il se laissât acheter une charge de conseiller au parlement, et pour qu'il fît les démarches préalables que sa réception exigeait.

Un jour il se présente chez le procureur-général, afin de lui demander ses conclusions. Ce magistrat, fort occupé, le faisant attendre assez long-temps dans une pièce voisine de son cabinet, le jeune aspirant de Thémis imagine un moyen assez singulier de charmer l'ennui de l'attente; il se met à répéter devant une glace, la danse du Chinois de l'opéra d'*Issé*, et n'oublie aucune des grimaces qui tiennent au rôle de ce grotesque personnage. Mais, au moment où il les multiplie et gambade avec le plus de chaleur, le procureur-général ouvre son cabinet. Quel est son étonnement à la vue d'un conseiller dans l'attitude d'un danseur de l'Opéra! Mais, en homme de bonne compagnie, au lieu de se fâcher, il rit de la scène comique dont l'aimable étourdi vient de le rendre témoin.

Ce trait de caractère servit à convaincre

Pont-de-Veyle, qu'il remplirait fort mal les sérieuses fonctions auxquelles on le destinait; il y renonça donc, et acheta la charge de lecteur du roi, emploi qui purement honorifique, ne l'empêcha pas de se livrer à ses goûts. Thémis n'y perdit rien, mais Thalie y gagna. Cependant, malgré son amour pour l'indépendance, pressé par M. de Maurepas, qui fut cinquante ans son ami, avec lequel il avait composé de ces folies de société, où, sous les apparences les plus frivoles, règne une philosophie aimable, ornée de grâces et pleine de gaîté, Pont-de-Veyle accepta, dans la suite, la place d'intendant-général des classes de la marine; il la remplit, pendant quelque temps, avec autant d'intelligence que d'exactitude; puis il s'en démit afin de s'adonner entièrement à son amour pour les lettres, au plaisir de composer des chansons, et à son goût pour la société, dont il faisait le charme par son esprit agréable, et son caractère enjoué.

Il avait aussi été l'amant de madame Dudeffant, et resta son ami jusqu'à sa mort comme le président Hénault.

Ce fut, à peu près, lors de sa brouillerie

avec mademoiselle de l'Espinasse, que madame Dudeffant connut M. Walpole. Ce pair d'Angleterre, homme de beaucoup d'esprit, et d'un esprit original, se faisait remarquer par des idées quelquefois neuves, quelquefois fortes et énergiques. Il les présentait sous des formes un peu étrangères, par fois même un peu étranges; mais, elles ne déplaisaient point. Ses jugemens sur nos auteurs portaient souvent, il est vrai, le cachet du ridicule ; par exemple, en parlant des *Essais de Montaigne*, il disait : *C'est un vrai radotage de pédant, une rapsodie de lieux communs.* Mais, si de pareils jugemens flattaient la rivalité anglaise, ils étaient trop absurdes pour humilier notre vanité nationale.

Madame Dudeffant conçut bientôt, pour ce seigneur anglais, une amitié si forte, si profonde qu'on la prit pour de l'amour, et que M. Walpole y fut trompé lui-même : il la crut amoureuse folle de lui, et cette idée le jeta dans un embarras extrême. Il avait conçu, de son côté, pour madame Dudeffant une véritable amitié; il tenait infiniment à sa société ou à sa correspondance, et n'aurait pas voulu, pour beaucoup, rompre avec elle. Mais, en même temps, il était tourmenté de la frayeur que sa liaison, avec une vieille aveugle de soixante-dix ans, ne le rendît l'objet de la risée publique. Continuellement ainsi préoccupé, le noble pair se trouvait dans une position aussi plaisante que bizarre, et le comique de cette position ressortait d'autant plus, que les efforts qu'il faisait pour dépayser les observateurs la rendaient plus visible.

Cette amitié si vive, et qui dura le reste de sa vie, est un nouveau démenti donné à ceux qui se sont tant récriés sur le prétendu égoïsme de madame Dudeffant. On sait que, dans sa jeunesse, elle fut très-sensible à l'amour : elle avait donc le cœur tendre. Dans ses conversations et dans ses lettres, elle répétait souvent ce mot de saint Augustin : *Aimez, et faites ce que vous voudrez*, et c'était avec l'accent du sentiment qu'elle s'exprimait ainsi. « Ce mot, soutenait-elle ensuite, est ce » que saint Augustin a dit de mieux. » En cela, elle avait tort; mais ce tort ne vient pas d'une ame froide. « Je persisterai jusqu'à la mort,

» disait-elle aussi, dans l'erreur de croire
» qu'il n'y a de bonheur dans la vie que d'ai-
» mer, et d'être avec ce qu'on aime. » Parlait-
elle de madame de Choiseul? « Elle *sait*, di-
» sait-elle, qu'elle m'aime; mais, elle ne le
» *sent* pas. Elle est trop parfaite; c'est ce qui
» empêche les autres de l'aimer autant qu'ils
» l'aimeraient sans cela. » Ces distinctions sont
subtiles; mais un cœur insensible ne les aurait pas faites. Enfin, elle resta constamment
dévouée au duc et à la duchesse de Choiseul; après la mort du président Hénault,
elle défendit, avec une éloquente chaleur, sa
mémoire, contre les attaques de Voltaire;
quoiqu'elle redoutât beaucoup ce patriarche
de la secte philosophique.

Insensiblement, les dissidens de ses soirées
furent, dans celle dont je faisais partie, le sujet de la conversation. « J'ai en horreur, dit
» madame Dudeffant, leur exagération, leur
» morgue, leur emphase, leur ton tranchant
» et décisif, l'affectation du bel-esprit et la re-
» cherche qui les caractérisent. Je préfère une
» bonne platitude bien franche à leurs décla-
» mations qui n'apprennent rien. C'est tou-

» jours l'éloge de la philosophie ou plutôt des
» philosophes. Ils ne veulent pas qu'on croye
» en celui-ci, qu'on obéisse à celui-là : ce sont
» de sottes gens. »

Malgré ces conclusions rigoureuses, je m'aperçus que sur un grand nombre de points, madame Dudeffant professait pourtant la doctrine et le scepticisme de ces philosophes qu'elle dénigrait par dépit, autant pour le moins que par conviction. Mais s'il y avait entre eux conformité d'opinions, il y avait en même temps une différence si frappante entre le goût de l'une et celui des autres, qu'en pensant de même sur le fond des choses, ils ne pouvaient cependant être d'accord.

Mais, quittons cette soirée. Je puis dire que je n'en avais jamais passé une qui fût pour moi un sujet plus fécond de méditations.

CHAPITRE XXVI.

Mademoiselle de l'Espinasse. — Son bureau d'esprit. — Dialogue entre mademoiselle de l'Espinasse, MM. de Malesherbes, d'Alembert, Diderot, Rousseau (J.-J.), Raynal, Duclos, H. Walpole, Helvétius, Marmontel, de Guibert, le baron de Grimm, l'abbé Galiani, le comte de Mora, le chevalier d'Érigny et moi.

Deux jours après ma visite à madame Dudeffant vint le tour de mademoiselle de l'Espinasse. C'était une personne très-bien faite, mais d'une taille médiocre, très-brune, marquée légèrement de petite-vérole, ayant de beaux yeux noirs et la physionomie la plus expressive et la plus mobile que j'eusse vue jusqu'alors. Je trouvai chez elle des hommes choisis dans toutes les classes de la société, la plupart enrôlés sous les bannières philosophiques.

Si le nom de d'Alembert, avec lequel mademoiselle de l'Espinasse vivait, depuis qu'elle avait quitté madame Dudeffant, avait attiré dans le principe cette société, mademoiselle de l'Espinasse avait su la retenir par les agrémens de son esprit. Le même cercle se renouvelait tous les jours, depuis cinq heures du soir jusqu'à neuf. Elle y avait subordonné ses goûts, toutes ses liaisons particulières, et n'allait jamais au spectacle. S'il lui arrivait d'enfreindre cette règle, telle était la vogue bizarre qu'on lui avait donnée, qu'une exception si rare à ses habitudes passait pour un événement et devenait la nouvelle des cercles de Paris.

Mademoiselle de l'Espinasse possédait le secret d'alimenter et de varier la conversation, en y répandant un attrait infini; elle savait même la ranimer de la manière la plus adroite, lorsqu'elle languissait. Exercée par un grand usage du monde, à cacher le desir qui la dominait de montrer de l'esprit, elle avait bien étudié l'art de faire valoir celui des autres, et de les pénétrer de l'idée qu'ils l'intéressaient toujours.

Mais dans l'intimité, soit de l'amitié, soit de l'amour, on ne retrouvait plus la même personne. Cette femme qu'on avait crue angélique, était souvent capricieuse, quinteuse, désespérante : il fallait supporter de sa part, une continuelle inégalité d'humeur, une exaltation qui transformait le sentiment en délire, en véritable frénésie; une effervescence amère de plaintes et de reproches fondés sur les prétextes les plus frivoles. Pour compléter les disparates de cette tête romanesque et vaine, de ce cœur passionné, on la voyait passer tour à tour de la simplicité à l'afféterie, de la finesse à la sensibilité, de l'enthousiasme pour le vrai à l'artifice, enfin, d'une extrême douceur au caractère le plus exigeant.

Les personnages les plus marquans du cercle étaient MM. d'Alembert, Diderot, Raynal, Helvétius, Duclos, Marmontel, le baron de Grimm, l'abbé Galiani, conseiller du roi de Naples, un grand jeune homme, d'une figure fade et langoureuse, nommé le comte de Mora, fils du comte de Fuentès, ambassadeur d'Espagne à Paris, et le comte de Guibert qui paraissait toujours infiniment satisfait de lui-même et fort dédaigneux envers les autres hommes.

Je vis arriver ensuite le vertueux M. de Malesherbes et M. Horace Walpole, que je croyais exclusivement du parti de madame Dudeffant; mais l'un et l'autre, au dessus de tout esprit de secte, allaient chercher le mérite partout où il se trouvait. Enfin j'éprouvai, ainsi que toute l'assemblée, une grande surprise, lorsque l'on annonça J. J. Rousseau, que l'on ne croyait pas alors à Paris.

Après avoir écouté, pendant une heure, très-attentivement ces hommes célèbres, dont plusieurs avaient mérité le titre d'hommes de génie, je me dis tout bas avec étonnement : « Quand madame Dudeffant leur attribue de l'obscurité, de l'emphase, des faux brillans d'esprit, il me semble qu'il ne faut pas l'accuser de calomnier, mais seulement de médire. »

En effet, le langage de plusieurs d'entre eux était bien différent de ce ton modeste et simple qui avait distingué les grands hommes du dix-septième siècle. Ils répétaient fastueusement, à chaque minute, qu'ils étaient philosophes, comme s'ils avaient eu peur qu'on en doutât, et cette répétition si souvent reproduite, finissait par devenir comique pour un auditeur qui n'y était pas encore accoutumé. Ces écrivains, ces savans illustres, dont la supériorité dans toutes les branches des connaissances humaines était admirée par l'Europe entière, offrirent un spectacle bien nouveau pour moi, lorsque je les vis s'escrimant à qui dogmatiserait du ton le plus systématique, le plus inintelligible, et pourtant le plus affirmatif; à qui mettrait le plus de morgue, de hauteur et d'emphase pédantesque dans ses déclamations; enfin, à qui l'emporterait en affectation ridicule de bel-esprit, sur les Trissotins et les Précieuses de Molière.

Il est de mon devoir pourtant de prévenir mes lecteurs, que ces observations ne peuvent concerner J.-J. Rousseau, de Malesherbes, Duclos ni Horace Walpole, qui pendant assez long-temps furent plutôt auditeurs qu'interlocuteurs.

Enfin, la conversation devint plus générale, et ce fut une lettre de Voltaire, que d'Alembert lut à l'assemblée, qui y donna lieu. Cette conversation me parut si remarquable, que, rentré chez moi, je passai une partie de la nuit à l'écrire. La voici presque mot à mot.

D'Alembert. « Messieurs, ce matin j'ai reçu une lettre de M. de Voltaire. Si vous le permettez, je vous en donnerai lecture.

Tous, d'une voix unanime expriment le désir de la connaître.

D'Alembert. —» En ce cas, je commence. « Mon ami, le grand œuvre du renversement » de la huaille noire, du fanatisme et de l'es- » clavage avance, grâce aux efforts des philo- » sophes; il avancerait bien plus vite, si le siè- » cle n'était pas dans la boue, et si les Fran- » çais n'étaient pas des Welches... »

Moi, *interrompant le lecteur, avec un mouvement d'indignation que je ne puis contenir.*
« —Des Welches! les Français!... Je respecte trop M. de Voltaire, pour l'accuser de calomnier sa patrie; mais il se trompe...... Je suis certain qu'il serait facile de trouver en France de dignes successeurs des grands guerriers, des grands hommes d'État, des grands magistrats des siècles passés. Enfin, M. de Voltaire et vous, Messieurs, vous prouvez, d'une

manière éclatante, que les hommes de génie et les grands écrivains du siècle de Louis XIV, ne sont pas les derniers qui aient illustré la France. »

Cette interruption inattendue, de la part d'un jeune homme, fit une vive sensation.

Mademoiselle de l'Espinasse *enchantée*.

« — Voilà l'élan d'une âme aussi noble que sensible !

Depuis ce moment, la demoiselle ne cessa de me regarder avec un intérêt extrême.

M. de Malesherbes. —» Bien, Monsieur ! soyez toujours fier d'être Français.

M. Walpole, *me serrant la main*. —» Jeune homme, continuez ! Le patriotisme est la source des plus héroïques vertus.

M. d'Alembert. —» J'applaudis comme vous, au patriotisme de Monsieur. Mais, continuons notre lecture.

«La bonne cause triomphera. Déjà un nou-
» veau siècle se forme chez les Ibériens. La
» douane des pensées ne ferme plus l'allée à la
» vérité, ainsi que chez les Welches. On a coupé,
» jusque dans la racine, les griffes au monstre
» de l'inquisition, tandis que chez nous le

» bœuf-tigre frappe de ses cornes et dévore
» de ses dents.... »

M. DE MORA. — » Excusez-moi, Monsieur, si je crois devoir ici vous interrompre. Ce que dit M. de Voltaire, est de la plus exacte vérité. Tous les livres si sévèrement défendus à Paris, entrent librement en Espagne. Les Espagnols, en moins de deux ans, ont réparé cinq siècles de la plus infâme bigoterie (1).

M. D'ALEMBERT. — » Que l'être des êtres en soit loué !

M. DIDEROT. — » Ne parlons pas des absens.

M. DUCLOS. — » Ah ! Diderot, je ne puis croire que vous pensiez ce que vous dites.

M. D'ALEMBERT. — » Écoutez la fin de la lettre :

« Quand le triomphe sera complet chez
» nous, il faut que le sot peuple n'y entre pour
» rien, et n'ait pas la moindre part au gou-
» vernement; je n'aime pas le gouvernement de
» la canaille. Je ne saurais souffrir l'absurde
» insolence de ceux qui vous disent : « *Je veux*

---

(1) A cette époque, ce que dit ici M. de Mora était vrai ; les choses ont bien changé depuis.

» *que vous pensiez comme votre tailleur et
» votre blanchisseuse.* » La prétendue égalité
» des hommes, que quelques sophistes met-
» tent à la mode, est une chimère pernicieuse.
» Quant au christianisme, grâce à nous, très-
» cher frère, l'infâme est bientôt écrasé. »

Grands applaudissemens de la majeure partie de l'assemblée.

Moi. — » Daignez me permettre, Messieurs, de vous soumettre un doute. M. de Voltaire ne veut point que l'on dise qu'il pense comme son tailleur et sa blanchisseuse; mais, si son tailleur et sa blanchisseuse sont d'honnêtes gens qui pensent bien, il me semble qu'il est plus digne d'un philosophe de s'applaudir de penser comme eux que d'en rougir.

Mademoiselle de l'Espinasse. — » Cette observation est pleine de justesse.

D'Alembert. — » Relativement à certains sujets, ce n'est pas à l'expression qu'on doit s'arrêter.

Moi. — » Cependant le propre des expressions est de peindre la pensée.

D'Alembert, *un peu embarrassé.* — » Quand elles manquent, on fait usage d'équivalens ou à peu près. D'ailleurs, il suffit de s'entendre.

J.-J. Rousseau. — » Ce qui est très-clairement exprimé dans cette lettre, c'est que M. de Voltaire ne travaille point pour la généralité de l'espèce humaine, et qu'il méprise souverainement la classe nombreuse, qu'on nomme le Tiers-État. Il reste à savoir au profit de quelle classe il veut faire une révolution. S'il n'a point pour but d'améliorer le sort du peuple, cette révolution est inutile, car les classes privilégiées n'ont rien à desirer.

M. de Malesherbes. — » Cette lettre me confirme dans l'opinion, que M. de Voltaire n'écrira jamais bien l'histoire, parce que, semblable à certains moines, il n'écrit que pour son couvent.

Léger murmure à ces mots.

Marmontel. — » Il est assez plaisant de comparer l'auteur du *Dictionnaire philosophique* à un moine.

Mademoiselle de l'Espinasse. — » Vous êtes sévère, monsieur le président. Je crois, moi, qu'on ne peut opposer M. de Voltaire à rien; car ce qui est beau ou bon, dans tous les genres, a quelque rapport à lui. Aussi est-ce l'auteur qui convient à toutes les situations et à toutes les dispositions; il a tous les tons, tous les goûts; il satisfait l'esprit et contente l'âme; il a, par excellence, le ton et le goût de son siècle; il en fait le plaisir; il en est l'ornement.

D'Alembert. — » M. de Voltaire frappe fort et ne manque jamais son coup; moi, je donne des soufflets en faisant des révérences. Si j'étais en pays étranger, je parlerais avec plus de hardiesse; mais je me suis réservé les chiquenaudes contre le gouvernement et la prêtraille, et, à ma manière, je ne travaille pas mal à la vigne du Seigneur.

J.-J. Rousseau. — » Je suis le sophiste que désigne M. de Voltaire. Je voudrais, j'en conviens, que l'égalité régnât parmi les hommes; mais je pense qu'il n'a jamais existé de véritable démocratie. S'il y avait un peuple de dieux, il se gouvernerait démocratiquement. Un gouvernement si parfait ne convient pas à des hommes.

Raynal. — » Il est vrai qu'il n'y a dans la

nature qu'une égalité de droits, et jamais une égalité de fait. Les sauvages même ne sont pas égaux, dès qu'ils sont rassemblés en hordes : ils ne le sont que lorsqu'ils errent dans les bois, et alors même, celui qui se laisse prendre sa chasse n'est pas l'égal de celui qui l'emporte. Cependant la superstition et le fanatisme font le malheur des humains, et les rois ressemblent à Saturne, qui dévorait ses enfans.

Moi. — » Ce que vous dites me persuaderait, Monsieur, que vous croyez que l'on doit renverser le trône et les autels; mais ce serait vous outrager que de vous prêter cette opinion, puisque vous êtes prêtre.

Éclat de rire général excité par une remarque si ingénue.

MADEMOISELLE DE L'ESPINASSE, *d'une voix émue.* — » Venez donc vous asseoir près de moi, M. le marquis de Lénoncourt.

Je ne me fais pas répéter l'invitation, et me place à côté de la moderne Sapho, en lui baisant la main.

DIDEROT. — » Je voudrais pouvoir étrangler le dernier roi avec les boyaux du dernier prêtre.

Duclos. — » Votre imagination, mon cher Diderot, vous égare d'une manière effrayante, vous croyez n'attaquer autre chose que les abus que l'on a faits de la religion, et les imperfections du gouvernement, tandis que vous sappez les fondemens de la morale, et donnez atteinte aux liens de la société. Vous ne réfléchissez pas que ceux qui exagèrent ainsi travaillent contre leur pays et contre eux-mêmes.

Mademoiselle de l'Espinasse. — » M. Duclos accuse M. Diderot d'exagération; je ne suis pas de son avis. L'exagération appartient aux gens froids : mais les gens animés, tels que M. Diderot, ne sont et ne peuvent être que hors de mesure et outrés; tous deux vont par delà le but; mais les uns y sont montés, tandis que les autres y ont été jetés, entraînés. Les uns ont fait le chemin pas à pas; les autres ont sauté les bornes sans les apercevoir. Enfin, je trouve qu'il y a cette différence entre les gens exagérés et ceux qui sont outrés, qu'on évite les premiers, et qu'on quitte les derniers; mais c'est à condition de revenir le lendemain; car ce qu'on aime par dessus tout, c'est à être animé, remué, agité, et voilà l'avantage qu'on éprouve avec les gens passionnés. »

Il n'y eut qu'une voix pour s'extasier d'admiration sur cette définition subtile frisant le galimathias. « Je n'ai pris la parole, me dit tout bas mademoiselle de l'Espinasse, que pour changer le sujet de la conversation; mais ces messieurs sont tenaces, je crains de ne pas avoir réussi. » Elle avait raison, car, à l'instant, l'abbé Galiani rentra dans le sujet.

L'ABBÉ GALIANI. — » Messieurs, j'aime la philosophie; mais je vois avec peine que les philosophes et leurs apôtres poussent les choses à un point qui perdra tout. Il serait bien temps qu'ils devinssent plus modérés et plus tolérans. Quelle est la véritable politique que la philosophie doit accréditer? celle qui consiste à faire le plus de bien possible aux hommes, avec le moins de peine possible. Rejetez loin de vous et de la politique les grands mots vides de sens, les êtres moraux; il ne doit être question que du bonheur des êtres réels. Or, le moyen d'assurer ce bonheur est toujours celui de calculer les biens et les maux, et de trouver le point du milieu.

Duclos. — » Cette conclusion est sage. L'opinion contraire, que l'on n'a que trop accréditée, ne peut faire de ceux qui l'adoptent, que de mauvais citoyens dans la jeunesse, des criminels scandaleux dans l'âge mûr, et des malheureux dans l'âge avancé.

Horace Walpole. — » Il est aujourd'hui du plus haut intérêt, pour les philosophes, de prouver, par leur conduite et leurs discours, qu'on les calomnie, quand on les désigne comme des hommes qui, sous le prétexte de la guerre qu'ils font au pape, tendent à la subversion de toute religion, et à la destruction du pouvoir monarchique.

Helvétius. — » Ils ne doivent jamais renoncer à cette tendance qui les honore, car le milieu que viennent de préconiser MM. Galiani et Duclos est impossible avec la monarchie; cette forme de gouvernement avilit la pensée. La vraie monarchie n'est qu'une constitution imaginée pour corrompre les mœurs et asservir les peuples. Ils sont, par elle, invinciblement entraînés vers l'abrutissement.

Malesherbes. — » Si vous daigniez, Monsieur, approfondir la question, avec la candeur et la bonne foi qui vous caractérisent, vous reconnaîtriez qu'il y a beaucoup à gagner, en fait de mœurs et de gouvernement, à garder les coutumes anciennes. Permettez-moi de vous rappeler ici une opinion qui doit être d'un grand poids à vos yeux, puisqu'elle est de M. de Montesquieu : « Dans le cours » d'un long gouvernement, dit-il, on va au » mal par une pente insensible, et l'on ne » remonte au bien que par un effort. Ce n'est » pas pour l'intérêt de la famille régnante » que, dans la monarchie, le droit de suc- » cession est établi; mais parce qu'il est de » l'intérêt de l'état qu'il y ait une famille ré- » gnante, et chaque citoyen doit la soutenir » de tous ses moyens, s'il aime ses enfans et » son pays. »

Horace Walpole. — » Telle est la véritable doctrine; elle peut s'accorder avec une sage liberté, avec l'égalité devant la loi, car l'égalité politique est aussi incompatible que l'égalité naturelle, avec toute espèce de gouvernement.

Diderot.— » Messieurs, il y a un moyen de vous mettre d'accord : c'est de vous donner une définition claire et précise de la philosophie. Or donc, prêtez-moi toute votre attention. La véritable manière de philosopher serait d'appliquer l'entendement à l'entendement ; l'entendement et l'expérience aux sens ; les sens à la nature, la nature à l'investigation des instrumens, les instrumens à la recherche et à la perfection des arts, que l'on jetterait au peuple pour lui apprendre à respecter la philosophie.

Le baron de Grimm.— » Ma foi ! mon cher Diderot, votre définition claire et précise me paraît une énigme inexplicable : je crains bien que toute la société ne la comprenne pas plus que moi.

Diderot. — » Pouvez-vous dire que vous n'entendez pas ce qui est si lumineux? Sachez que l'animal est un système de molécules organiques, qui par l'impulsion d'une sensation, semblable à un toucher obtus et sourd, que celui qui a créé la machine leur a communiqué, se sont combinées jusqu'à ce que chacune ait rencontré la place la plus convenable à son repos. Voilà pourquoi la vertu n'est à souhaiter qu'autant qu'elle est un plaisir présent, ou une peine qui doit rapporter plus de plaisir, car il n'y a rien en soi de juste et d'injuste.

Grimm. — » Je suis désolé, mon ami, de vous dire que nous ne vous comprenons pas davantage maintenant que tout à l'heure. Dernièrement je vous faisais observer que votre style était quelquefois convulsif et annonçait du désordre dans vos idées, vous me répondîtes....

Diderot. — » Que je faisais du *sauvage*... Oui, monsieur, telle est mon intention pour frapper fort.

Grimm. — » Encore faut-il que l'on puisse vous entendre.

Diderot. — » Cependant, monsieur, je vous annonce que je vais faire imprimer ces prétendues énigmes.

Grimm. — » Elles n'en seront pas plus intelligibles.

Helvétius. — » J'ai fort bien compris la conclusion de M. Diderot. Il est de fait que les hommes naissent avec les mêmes talens ; ils doivent tout à leur esprit, à leur éducation. Quant aux idées de vice et de vertu, elles dépendent du climat. L'esprit de l'homme se rapproche de celui des animaux, et les hommes, dans les devoirs les plus sacrés et dans les sentimens les plus tendres, ne sont dirigés que par leur intérêt.

Le chevalier d'Erigny. — » La conduite noble et bienfaisante de votre vie, monsieur, réfute les paradoxes que vous avancez. Si réellement vous pensiez que l'intérêt fût le seul mobile de nos devoirs et de nos sentimens, vous aviliriez la vertu, vous ébranleriez les fondemens sur lesquels reposent la religion, les mœurs, l'amour paternel, conjugal, filial, et l'amitié.

J. J. Rousseau. — » Hélas ! nous sommes tous devenus docteurs et nous avons cessé d'être chrétiens. On oublie que jamais état ne fut fondé que la religion ne lui servît de base. Comment peut-on méconnaître cette vérité, quand on possède l'Évangile ? Jamais la vertu n'a parlé un si doux langage ; jamais la plus profonde sagesse ne s'est exprimée avec tant d'énergie et de simplicité ; on n'en quitte pas la lecture sans se sentir meilleur qu'auparavant. Mais, cette lecture est impuissante sur les philosophes : s'ils deviennent les plus forts ils seront les plus intolérans des hommes.

Grimm. — » La tolérance est aussi le mot de Voltaire ; mais, il le rabâche trop à présent. Tous les *grands hommes* ont été intolérans, et il *faut l'être*. Si l'on rencontre sur son chemin un *prince débonnaire*, il faut lui prêcher la tolérance, *afin qu'il donne dans le piège ; afin que le parti* ait le temps de s'élever par la tolérance qu'on lui accorde, *et d'écraser son adversaire à son tour*. Ainsi, le sermon de Voltaire sur la tolérance est un sermon *fait aux sots et aux gens dupes*, ou à des gens qui n'ont aucun intérêt dans la chose.

Marmontel. — » La conduite de notre patriarche tient à un plan savamment conçu. Par exemple, dernièrement en m'envoyant le sermon dont il s'agit sur la tolérance, il m'écrivait : « Mentez, mentez hardiment, et toujours, mes amis, je vous le rendrai. En écrivant l'histoire, j'immolerai toutes les vérités nuisibles à la bonne cause. Je voudrais que les philosophes fussent assez riches, assez nombreux, pour aller avec le fer et la flamme exterminer les chrétiens. »

Moi, *me levant indigné*. — » Quelles atrocités ! Quoi ! M. de Voltaire serait capable de prêcher une croisade parricide contre son prince et sa patrie ! Il vouerait à l'extermination les hommes qui ont des principes religieux ! Si ce que je viens d'entendre n'était un jeu d'esprit, cet homme serait digne de tous les supplices. »

Eclats de rire qui calment un peu mon transport.

Mademoiselle de l'Espinasse. — » Que j'aime cette chaleur vertueuse ! »

Et elle me serrait la main et me regardait avec un air d'attendrissement qui remua mes facultés aimantes.

D'Alembert. — » Vous seriez moins rigoureux envers Voltaire, si vous considériez, monsieur, le but auquel il tend ; ce but est tout au profit de l'humanité, puisqu'il a pour objet la plus bienfaisante des révolutions. C'est pour le triomphe de la vérité qu'il veut que l'on mente.

Moi. — » Singulier raisonnement ! C'est comme si vous me disiez : Pour vous faire vivre, il faut que je vous tue.

Mademoiselle de l'Espinasse, *d'un ton caressant*. — » Quoique la vérité soit nue, elle change de formes selon les circonstances et les personnes.

Moi, *à mi-voix*. — » Quelle que soit mon opinion, je me fais gloire de céder à l'avis d'un juge si séduisant. »

Un mutuel serrement de mains suivit cette réponse.

Le chevalier d'Érigny. — » Dans la supposition que l'on parviendrait à opérer la révolution dont il s'agit, quelles sont les grandes vues politiques qui en démontrent la nécessité, la possibilité ; qui indiquent et développent clairement les moyens de la faire sans causer un bouleversement général ; enfin qui présentent l'assurance qu'elle sera bienfaisante, ainsi que le prétend M. d'Alembert? A-t-on préparé, médité, discuté, mûri le plan d'après lequel on élèvera un nouvel édifice quand on aura abattu l'ancien? Jusqu'à présent j'ai entendu de fort belles philippiques contre les abus politiques et religieux, mais je suis encore à désirer de connaître les vues et le plan dont je parle. Disons la vérité, on n'a pas songé à s'en occuper, et l'on veut démolir sans savoir comment on pourra s'y prendre pour rebâtir.

De Guibert. — »Messieurs, pour tout ce qui concerne la réédification dont parle monsieur, nous avons non-seulement vous et vos pairs, mais surtout nous avons les ministres; rapportons-nous-en aveuglément à ces derniers; à ces administrateurs qui ont toujours devant leurs yeux le peuple qui souffre ou qui est heureux par eux et l'histoire qui les juge. Il importe surtout d'avertir le public, qu'en prodiguant indifféremment et la même espèce et la même mesure d'applaudissemens à ce qui est bon, ou à ce qui est vertueux, ou à ce qui est simplement honnête, ou à ce qui est réellement grand, ou à ce qui ne l'est que de convention, à ce qui est utile ou à ce qui l'amuse, il confond toutes les nuances, tous les degrés, et affaiblit lui-même l'honorable éclat de ses suffrages.

Duclos. — » Voilà ce qui s'appelle dire *oui* et *non*, tout à la fois, ou plutôt condamner à la fin ce qu'on a dit en commençant. Malgré toute l'admiration que m'inspire l'auteur de la *Tactique*, il me permettra de lui appliquer ces mots : *Ex ore tuo te judico*.

De Guibert. — » Je suis infiniment reconnaissant de la leçon.

Mademoiselle de l'Espinasse, *bas à moi*. — » L'attachement sans bornes que j'ai voué à M. de Guibert ne m'empêche pas, en rendant hommage à ses talens oratoires, et même à son génie, de reconnaître qu'une emphase d'idées, une enflure d'expressions, un manque de justesse, des contradictions, un défaut de goût, sont trop souvent les caractères distinctifs de ses ouvrages.

Le chevalier d'Érigny. — » J'en reviens à ma conclusion que l'observation de M. de Guibert ne m'a pas fait abandonner. Il importe de répéter bien haut : Tant que nous ne verrons pas un plan de gouvernement exactement tracé; tant que nous n'aurons pas réuni les matériaux indispensables pour la construction d'un nouvel édifice; tant que nous ne connaîtrons pas les ouvriers auxquels ce travail sera confié, et qu'on ne mettra pas sous nos yeux une preuve incontestable de leur habileté et de leurs bonnes intentions, nous n'aurons pour perspective, dans une révolution, que l'anarchie la plus effrayante et des calamités incalculables.

Duclos.—» Les enthousiastes impies font tant d'abus de leur esprit, qu'à la fin ils me rendront dévôt.

Diderot.—» Cela ne m'étonnerait point : Duclos est à la fois droit et adroit.

Galiani.—» Ces enthousiastes causeront bientôt la chute totale de l'Europe; ils font tomber tout en pourriture ici, religion, lois, arts, sciences; et tout va se rebâtir en Amérique. Je dis plus, l'Amérique régnera un jour sur l'Europe. Aux deux bouts du grand Continent, il y aura les Chinois d'un côté, les Européens de l'autre. Ils auront un gouvernement absolu, tempéré par les formes monarchiques, et les républiques disparaîtront en Europe. Nous serons donc Chinois dans cent ans au plus. Je m'amuse déjà à m'aplatir le nez et à m'alonger les oreilles par en bas, et je n'y réussis pas mal.

Diderot. — »Je ne crains pas l'effet des prédictions du jovial abbé. Que la presse soit libre, sans aucune limite, la philosophie fera naître un véritable âge d'or.

Galiani. — »Dieu vous préserve de la liberté de la presse établie par un édit! Rien ne contribue davantage à rendre une nation grossière, à détruire le goût, à abâtardir l'éloquence et toute sorte d'esprit. Savez-vous ma définition du *sublime oratoire?* C'est l'art de tout dire sans être mis à la Bastille. La contrainte de la décence et la contrainte de la presse ont été les causes de la perfection de l'esprit, du goût, de la tournure chez les Français. Gardez ces deux contraintes, sans quoi vous êtes perdus. Si vous accordiez par un édit la liberté, on n'en saurait plus aucun gré au ministère, et on l'insulterait comme on fait à Londres. La nation deviendrait aussi grossière que l'anglaise, et le point d'honneur, ce pivot de votre monarchie, en souffrirait. Vous seriez aussi rudes que les Anglais, sans être aussi robustes; aussi fous, mais beaucoup moins profonds dans votre folie.

DIDEROT. — »Pour un ami de la liberté, voilà un langage bien servile !

MADEMOISELLE DE L'ESPINASSE.—»Mon cher abbé, je vous ferai gronder par madame d'Épinay, pour vous apprendre à vous déclarer ainsi le défenseur de nos détestables institutions.

MALESHERBES. —»L'opinion de M. l'abbé est d'un grand poids à mes yeux, cependant je suis convaincu que la liberté de la presse est desirable et même nécessaire, mais il faut qu'elle soit établie et réglée, non par un édit, mais par une loi, afin qu'elle ne dépende pas de la volonté d'un ministère plus ou moins ombrageux. Messieurs, je dois parler avec franchise à des hommes aussi éclairés que vous l'êtes : l'esprit d'irréligion qui règne aujourd'hui, est une erreur qui aura les suites les plus déplorables. A ce sujet, je vous citerai encore l'auteur de l'*Esprit des Lois*. « Celui qui rejette la religion, dit-il, arrache » les fondemens de la société.

» Chose admirable ! la religion chrétienne,
» qui ne semble avoir d'autre objet que la fé-
» licité de l'autre vie, fait encore notre bon-
» heur dans celle-ci.

» C'est la religion chrétienne qui, malgré
» la grandeur de l'empire et le vice du climat,
» a empêché le despotisme de s'établir en
» Éthiopie, et a porté au milieu de l'Afrique,
» les mœurs de l'Europe, et ses lois. Que l'on
» se mette devant les yeux, d'un côté les mas-
» sacres continuels des rois et des chefs grecs
» et romains, et de l'autre la destruction des
» peuples et des villes, par ces mêmes chefs,
» tels que Timur et Gengis-Kan, qui ont dé-
» vasté l'Asie, et nous verrons que nous de-
» vons au christianisme, dans le gouvernement
» un certain droit public, et dans la guerre,
» un certain droit des gens que la nature hu-
» maine ne saurait assez reconnaître. »

J.-J. Rousseau. — » Oui, nos gouvernemens modernes doivent incontestablement au christianisme, et leur plus solide autorité, et leurs révolutions moins sanguinaires. Ce changement n'est point l'ouvrage des lettres, car, partout où elles ont brillé, l'humanité n'en a pas été plus respectée.

Malesherbes. — »N'en doutez pas, Messieurs, l'évangile, ainsi que le disait, il y a un instant, M. Rousseau, est le plus beau présent que Dieu ait pu faire aux hommes. De véritables chrétiens seraient des citoyens infiniment éclairés sur leurs devoirs, et auraient un très-grand zèle à les remplir. Plus ils croiraient devoir à la religion, plus ils penseraient devoir à la patrie; les principes du christianisme, bien gravés dans le cœur, seraient infiniment plus forts que le faux honneur des monarchies, les vertus humaines des républiques, et la crainte servile des états despotiques.

D'Alembert. — »Il est certain, il faut l'avouer, que le christianisme a répandu plus d'idées vraies dans le peuple, que tous les livres des philosophes.

Moi, *en riant*. — »Cet aveu ne s'accorde pas merveilleusement avec le domaine des chiquenaudes, que M. d'Alembert s'est réservé contre le gouvernement et la prêtraille.

Peut-être aussi n'est-ce qu'une révérence qu'il fait pour donner des soufflets. »

Ce trait à bout portant, et que je me reprochai presque aussitôt qu'il fut lancé, déplut aux uns, égaya les autres, et fit faire une moue assez plaisante à M. d'Alembert. La conversation finit là, et comme il était plus de neuf heures, l'assemblée se sépara. Quand je pris congé de la divinité du lieu, elle s'épuisa en invitations pressantes, je dirai presque passionnées, pour me faire promettre de revenir souvent, et même tous les jours; mais la chaleur qu'elle y mettait contrariait infiniment le suffisant M. de Guibert, le langoureux M. de Mora et le bon d'Alembert, qui avait sur le cœur mon impertinente remarque. La contenance et la figure du premier annonçaient un dépit qui m'amusait; le second, étendu dans un fauteuil, les mains sur les yeux, rêvait mélancoliquement, et le troisième, debout, une bougie à la main, paraissant beaucoup plus affecté que ne l'est ordinairement un géomètre, poussait de gros soupirs sans dire un mot.

CHAPITRE XXVII.

Épidémie philosophique à la cour et à la ville. — Ceux qui doivent le plus en redouter les effets l'alimentent avec enthousiasme.

Le lendemain matin, après avoir relu les notes que j'avais prises pendant la nuit sur la soirée de la veille, j'adoptai l'opinion du chevalier d'Érigny : ces terribles ennemis des préjugés et du despotisme, qui sans cesse criaient qu'il fallait changer l'ordre de choses établi, me parurent privés de toute espèce de notions relativement à ce qu'il fallait faire pour le remplacer. On aurait pu les comparer à un fou qui, pendant un hiver rigoureux, vous voyant couvert d'un habit mal fait, mais qui vous garantit du froid, voudrait vous le faire quitter, sans s'inquiéter si, en restant nu, vous souffrirez des injures de l'air.

Depuis cette soirée, pendant mes différens séjours à Paris, j'ai beaucoup fréquenté, soit chez mesdames du Deffand, de l'Espinasse et Geoffrin, soit ailleurs, ces beaux-esprits, ces savans, ces philosophes, qu'aujourd'hui les uns proclament les lumières et les bienfaiteurs du genre humain, et dont les autres font des Erostrate moraux et politiques. Eh bien ! il m'a été démontré que, dans leur vie privée, au milieu de leurs familles et de leurs amis, ils étaient des exemples de probité, de désintéressement, de bienfaisance, et que souvent plusieurs d'entre eux avaient autant de candeur, de simplicité, de crédulité que des enfans.

Il est généralement reconnu que d'Alembert était un génie de l'ordre le plus élevé; il partagea avec Euler le premier rang parmi les géomètres, fit d'importantes découvertes dans les mathématiques, et poussa même trop loin la finesse des aperçus. Il est l'auteur de ce beau discours préliminaire de l'Encyclopédie, monument pour lequel il n'avait point eu de modèle, où se trouvent réunis la précision du style, la clarté des idées, la force et l'élégance, avec une généalogie savante et bien raisonnée des sciences et des connaissances humaines. Les sociétés savantes les plus célèbres de l'Europe s'honorèrent de le placer au nombre de leurs membres; jusqu'à sa mort il ne cessa d'être en correspondance avec des souverains, notamment avec le grand Frédéric et l'impératrice de Russie; en rapport très-intime d'amitié avec les personnes les plus distinguées par leur rang, et visité par tous les étrangers célèbres qui venaient à Paris. Enfin son influence dans l'Académie des sciences, dans l'Académie française, et sur la littérature et les sciences en général, fut si étendue, que ses ennemis l'appelèrent *le Mazarin de la littérature*.

Ce prétendu Mazarin, cependant, malgré les traits piquans et malins qu'il se plaisait à lancer, et qui souvent sentaient la recherche, était, dans le commerce ordinaire de la vie, toujours bienveillant pour les autres, toujours prêt à obliger, et de plus, d'une bonhomie qui semblait friser la bêtise. Auprès de mademoiselle de l'Espinasse qu'il adorait, et avec laquelle il vécut vingt-deux années, toute sa conduite annonçait un véritable Cassandre. Jamais il ne s'aperçut des infidélités qu'elle lui faisait journellement, et pourtant elle ne s'en cachait guère. Si je n'en avais eu la preuve, je n'aurais jamais cru à la possibilité d'atteindre au degré extraordinaire de patience avec lequel il supportait, sans proférer aucune plainte, les froideurs, les humeurs chagrines, pleines d'aigreur et d'amertume, de cette maîtresse hautaine et capricieuse. Elle osait, tout en le trompant, le tourmenter par des éclats de jalousie, et souvent exigeait de lui des services qui ne tendaient qu'à faire du bon géomètre un objet de dérision. Par exemple, elle lui ordonnait de se lever de grand matin, afin de porter lui-même, à leurs adresses, les lettres qu'elle écrivait à ses amans. La soumission de d'Alembert était si profonde, qu'il obéissait. Il rapportait ensuite les réponses à ces missives amoureuses, ne se doutait pas de leur contenu, et aurait cru se rendre coupable, s'il eût cherché à le savoir.

Lorsque sa présence gênait mademoiselle de l'Espinasse, elle lui disait d'aller se promener, et il y allait. Sa promenade habituelle était les Tuileries : il s'asseyait sur la terrasse des Feuillans, devant le café, au milieu de quatre à cinq douairières qui s'installaient tous les matins dans ce lieu, avec leur tricot, jusqu'à l'heure du dîner.

Dès que le fameux nouvelliste au nez volumineux et rouge, à la perruque de trente-six boucles, au petit chapeau galonné en or, et à l'habit gris rayé de brun, c'est-à-dire M. Métra, l'apercevait, il suspendait ses conférences, sous l'arbre de Cracovie, venait demander des nouvelles de l'académie, du roi de Prusse et de son ami Voltaire, à l'ami d'Alembert, et l'ami d'Alembert lui contait alors tous les fagots qui lui passaient par la tête (1). Enfin, j'ai souvent épié cet homme, qui faisait parade de tant de haine contre le christianisme, *et je l'ai vu, de mes yeux vu, ce qui s'appelle vu*, entrer, comme à la dé-

---

(1) Ce cher M. Métra, ce nouvelliste fameux, que j'ai beaucoup connu, et qui m'a souvent amusé par la bonne foi ingénue avec laquelle il croyait les contes les plus ridicules, était, sans qu'il s'en doutât, un instrument dont se servait le rusé comte d'Aranda, ambassadeur d'Espagne, pour faire circuler les nouvelles qu'il était de l'intérêt de la cour espagnole de propager. Métra se faisait une gloire d'être l'écho de cet ambassadeur, et mettait la plus haute importance

robée, dans l'église Saint-Roch, lorsqu'il ne s'y trouvait presque personne, s'agenouiller devant l'autel de la Vierge, et y prier dévotement.

Diderot, de tous les philosophes, le plus ardent à publier des maximes subversives de tout ordre social, Diderot, souvent inintelligible dans sa métaphysique, l'homme aux exclamations, aux apostrophes, prompt à s'enthousiasmer, à s'irriter et à se calmer, sentait fortement, s'exprimait comme il sentait, était, dans son ménage, d'une extrême bonté, et ce sophiste qui, avec une espèce de fureur, déclamait contre toutes les religions, faisait répéter lui-même le catéchisme à sa fille, et la punissait lorsqu'elle ne le savait pas.

Helvétius, qui, dans son livre de *l'Esprit*, dans celui de *l'Homme*, et dans son poème

---

à son rôle. Il mourut le 2 février 1786, et on lui fit cette épitaphe :

<blockquote>
Métra n'est plus! revers tragique,
Dont se doit affliger tout digne politique!
Pour lui, je suis certain qu'au suprême moment,
 A son caractère fidèle,
Il eût trouvé moins dur d'entrer au monument,
S'il avait pu lui-même en donner la nouvelle.
</blockquote>

du *Bonheur*, ne développe que des idées systématiques, des paradoxes dangereux en faveur du matérialisme, fut toujours doux, humain, bon époux, bon père, bon ami, et fit ses délices de la vie domestique. Chacun de ses jours était marqué par des bienfaits. Il faisait une pension de deux mille livres à Marivaux, et une de trois mille à Saurin; par la suite, quand ce dernier se maria, il lui fit présent des soixante mille francs, formant le capital de cette pension. Tous les matins, on introduisait chez lui, avec beaucoup de mystère, quelques nouveaux objets de sa générosité; alors il disait à son valet de chambre : « Chevalier, je vous défends de » parler de ce que vous voyez, même après » ma mort. »

Le baron d'Holbach, à qui l'on attribue les ouvrages les plus impies, était, au moral, le ménechme d'Helvétius : comme lui, riche, il avait la même bonté, et y réunissait l'enjouement le plus aimable. Très-instruit, mais éloigné de toute espèce de prétentions, il mettait sa plus pure jouissance à encourager, par ses libéralités, les lettres, les arts et l'industrie. Il prêtait facilement ses livres ; et même les donnait aux personnes qui pouvaient s'en servir avec utilité. « Je suis riche, disait-il ; mais je ne vois dans la fortune qu'un instrument de plus pour opérer le bien plus promptement et plus efficacement. »

Aux excellens mémoires sur le commerce de différentes nations, que contient son *Histoire philosophique et politique des deux Indes*, l'abbé Raynal mêla des déclamations outrées contre les gouvernemens, les lois, les usages et les prêtres ; un acharnement, une animosité, que rien ne justifiait, contre les chefs des nations et tous les objets du respect des peuples. Parleur infatigable, cette histoire était le texte continuel de ses discours ; il y ramenait toujours la conversation, vous la récitait pendant une journée entière, et ne s'apercevait pas de la fuite des heures. Mais quand il s'était livré à ses déclamations, son naturel reprenait le dessus ; sa sensibilité, sa franchise, attiraient les cœurs ; il donnait presque tout l'argent qu'il avait. Quoiqu'il eût enrichi les libraires, et n'eût qu'une fortune assez médiocre, il fit des voyages souvent répétés, afin de se procurer de nouveaux documens, qu'il croyait de nature à perfectionner son ouvrage. Après avoir reçu, d'un libraire à Amsterdam, une somme plus forte que celle qu'il en attendait, il l'employa à faire les fonds de plusieurs prix pour les académies de Marseille et de Lyon. Il étendit ses bienfaits jusque chez l'étranger : on le vit mettre à la disposition des pasteurs de Lausanne, les fonds de trois prix, pour être distribués à trois vieillards, que leur vie laborieuse et leur bonne conduite n'auraient pas mis à l'abri de l'indigence. Pendant son séjour à Berlin, il proposa également, sur une question importante, un prix consistant en une médaille d'or, de la valeur de mille livres; et il dota deux pauvres filles, l'une de la religion réformée, l'autre catholique, qui avaient été jugées les plus vertueuses et les plus diligentes de leur communion, par les pasteurs respectifs des deux cultes (1).

---

(1) A ces détails j'ajouterai les suivans, extraits d'une lettre autographe de RAYNAL, dont on voit le *fac simile* en tête de l'*Histoire philosophique et politique des deux Indes*, édition mise en ordre, revue et publiée en 1820, par P. J. CHARRIN. Cette édition est conforme

Je pourrais citer encore bien des exemples, qui prouveraient que ces philosophes, ces sophistes, si l'on veut, étaient au fond de très-bonnes gens, de véritables amis de l'humanité. Ils déraisonnaient souvent en croyant raisonner en esprits forts; mais toutes les fois que leur cerveau exalté leur faisait émettre des maximes audacieusement extravagantes, de bonnes intentions les animaient.

La vérité, c'est qu'à cette époque de la seconde moitié du dix-huitième siècle, à l'ex-

---

au manuscrit que Raynal acheva quelques mois avant sa mort, et qu'il légua par testament à la ville de Saint-Geniez, où il est né, sous la condition que le produit de la vente serait affecté au bénéfice de l'hôpital; 10 vol. in-8, Paris, AMABLE COSTES et compagnie.

Au citoyen DELALANDE, commissaire de police de la section de la Trinité, 26 nivose an 2 de la république.

. . . .

« J'essayai toujours de me rendre utile à ma patrie. Je donnai 1,200 liv.
» de rente perpétuelle à l'*Académie française*, 1,200 liv. de rente per-
» pétuelle à l'*Académie des Inscriptions*, 1,200 liv. de rente per-
» pétuelle à l'*Académie des Sciences*, pour que ces corps littéraires
» pussent récompenser les écrivains qui auraient accéléré le progrès
» des lumières. Les trois contrats doivent avoir passé dans les mains
» du comité de l'instruction publique.
 » En parcourant les parties méridionales de la France, je crus
» apercevoir un découragement entier dans les peuples de la cam-
» pagne. Pour les ranimer autant qu'il était en moi, je donnai à l'as-
» semblée provinciale de la Haute-Guyenne qui venait d'être formée

ception de trois à quatre écrivains, la tête d'aucun homme de lettres, d'aucun savant, d'aucun jurisconsulte, d'aucun philosophe, en France, ne contenait une seule idée de politique. Les lumières acquises jusqu'alors avaient ouvert les yeux sur de grands abus réellement existans; on se récriait, on écrivait même de fort bonnes choses contre ces abus; on en provoquait la suppression; mais la pensée de chercher le remède propre à ré-

---

» 1,200 liv. de rente perpétuelle, qui devaient être annuellement dis-
» tribuées aux petits cultivateurs propriétaires qui auraient le mieux
» exploité leurs terres. Les départemens de l'Aveyron et du Lot se
» sont partagé cette rente.
  » Il y a treize ou quatorze ans que, dans une île située au milieu du
» lac de Lucerne, j'érigeai un grand monument en l'honneur des trois
» fondateurs de la liberté helvétique. On y a gravé des inscriptions
» qui attesteront à la postérité la plus reculée, qu'un Français s'est le
» premier occupé de la gloire de ces bienfaiteurs de l'humanité.
  » J'ai fait une fondation pour assurer aux habitans du lieu où je suis
» né les bouillons et les remèdes dont ils pourraient avoir besoin dans
» leurs infirmités.
  » La *Société d'Agriculture de Paris* a reçu de moi une rente
» perpétuelle de 1,200 l., destinée à envoyer de bons modèles, de bons
» instrumens de labourage dans les départemens. »
  Raynal donne ces renseignemens en envoyant le détail des pièces composant son argenterie, mise sous le scellé au moment où la Convention nationale demanda que l'argenterie fût portée à l'hôtel des Monnaies pour y être fondue.

tablir le corps social en état de santé, ne venait à personne.

Alors, éloignée de son caractère de sagesse et de prévoyance, la philosophie ne s'étayait d'aucune vue de restauration pour l'avenir; ne s'occupait qu'à frayer un chemin, sans savoir à quel but il devait aboutir; se mettait ainsi hors d'état de s'apercevoir si elle donnait à ce chemin une fausse direction, et ne tendait conséquemment qu'à détruire ce qui existait. La philosophie ne pouvait donc produire que de grands maux. Cependant elle était devenue la maladie régnante. Telle était même la fatalité de notre étoile, que, par une des plus étonnantes inconséquences de l'esprit humain, ceux qui devaient un jour souffrir le plus des effets de cette maladie, se plaisaient à l'entretenir : que dis-je ? à en augmenter la violence jusqu'au délire. Des souverains absolus, des princes, de très-grands seigneurs, des évêques, de gros bénéficiers, des magistrats, protégeaient, encourageaient, récompensaient, pensionnaient, prônaient, fêtaient, caressaient, entouraient de considération et d'honneurs, les écrivains qui, non-seulement fulminaient avec le plus d'emportement et de fureur contre le despotisme, la superstition et le fanatisme, mais encore, qui excitaient la multitude au renversement des autels et des trônes, et prêchaient l'athéisme.

A l'appui de ce que j'avance, je ne citerai que les principaux exemples. L'impératrice de Russie, Catherine II, fit proposer à d'Alembert de présider, pendant six ans, à l'éducation du grand duc, son fils, depuis Paul Ier. Sa Majesté lui offrait un traitement semblable à celui des ambassadeurs, avec toutes leurs franchises et tous leurs priviléges; un hôtel magnifique et l'état de cent mille livres de rentes, dont les fonds, au bout de six ans, lui eussent été assurés à perpétuité, en terres, maisons, ou autres objets, à sa volonté, qu'on eût achetés en France.

Sur le refus que fit le philosophe d'accepter cette brillante et honorable proposition, elle le pria, le pressa, par une lettre de sa main, de se laisser gagner; mais elle en éprouva un second refus.

Diderot ayant été obligé de mettre sa bibliothèque en vente, l'impératrice la fit acheter cinquante mille francs, lui en laissa la jouissance, et depuis, on acquit, au nom de cette princesse, et l'on meubla, pour lui, la maison qu'il habita jusqu'à sa mort.

Voltaire eut part également à ses largesses : elle lui fit présent des plus magnifiques pelisses, d'une boîte qu'elle avait elle-même tournée, et qui était ornée de son portrait et de vingt diamans superbes.

Au mois de mai 1765, on imprima, dans les journaux, des fragmens d'une lettre de cette impératrice à une dame. On y lit ces mots remarquables : « Mes ordonnances re- » lativement au clergé n'ont eu pour but que » de le débarrasser des soins du temporel, » pour que, n'étant plus occupé dorénavant » que du spirituel, il puisse en paraître plus » respectable aux yeux des peuples. — Ne » me nommez plus, je vous prie, le nom de » *Montesquieu*, parce qu'il m'arrache des sou- » pirs ! S'il vivait encore, je lui aurais fait des » propositions ; mais il m'aurait refusée... Son » livre est *le vrai bréviaire des souverains*, » j'entends de ceux qui ont le sens commun. »

Le roi de Prusse offrit, à plusieurs reprises, à d'Alembert, la présidence de l'académie de Berlin. Après la paix de 1763, il l'appela à Wezel; quand il le vit arriver, il lui sauta au cou, l'embrassa tendrement, et par la suite, ils entretinrent ensemble une correspondance intime. Ce monarque s'attacha le marquis d'Argens, en qualité de chambellan, et vécut familièrement avec lui pendant vingt-cinq ans.

Mais la réception qu'il fit à Voltaire surpassa toutes les marques de considération que les souverains avaient données jusqu'alors à des particuliers. Il fallait que Frédéric désirât bien ardemment de l'avoir près de lui, puisqu'il disait que, pour jouir de cet avantage, *il aurait tout cédé, hors la Silésie*. Il reçut le poëte français avec des attentions singulières, lui assigna une pension de vingt-deux mille livres, le logea au-dessous de son appartement, dans celui qu'avait occupé le maréchal de Saxe; l'exempta de toute étiquette, lui permit de le voir à des heures réglées, mit toute sa maison à ses ordres, l'admit à ses soupers, sur le pied d'une parfaite égalité;

dans les fêtes, le plaça au milieu des princes et princesses de sa famille ; enfin, pour dissiper la gêne que pouvait lui causer un ami couronné, il lui écrivit un jour, de son appartement au sien, une lettre qui contenait ces mots :

« Comment pourrais-je jamais causer l'in-
» fortune d'un homme que j'estime, que j'aime,
» et qui me sacrifie sa patrie et tout ce que
» l'humanité a de plus cher ? Je vous respecte
» comme mon maître en éloquence ; je vous
» aime comme un ami vertueux. Quel escla-
» vage, quel malheur, quel changement y
» a-t-il à craindre dans un pays où l'on vous
» estime autant que dans votre patrie et chez
» un ami qui a un cœur reconnaissant ?..... Je
» vous promets que vous serez heureux ici
» tant que je vivrai. »

Plus tard, ne vit-on pas aussi l'empereur Joseph II, et son frère Léopold, grand-duc de Toscane, qui lui succéda sur le trône impérial, faire cause commune avec les philosophes.

Joseph II débuta par affranchir les paysans et par supprimer les juridictions seigneuriales. Il supprima ensuite deux mille vingt-quatre monastères et tous les couvens de filles, excepté ceux des Urselines et des dames de la Visitation, qui s'occupaient de l'éducation de la jeunesse, et fit vendre leurs biens au profit du trésor royal, qui ne leur fournit que de modiques pensions. Il enjoignit aux évêques de ne reconnaître, pour valide, aucune bulle qui ne leur aurait pas été transmise par lui; soumit les ordres religieux à la juridiction de l'ordinaire; défendit les pèlerinages; fit composer un catéchisme politique et moral pour l'éducation de la jeunesse; abolit le droit de primogéniture, et déclara le mariage contrat civil; rendit successibles les enfans naturels; autorisa le divorce; défendit les pompes funèbres, et ordonna que tous les fidèles fussent enterrés de la même manière et avec la même simplicité; enfin il enleva la censure des livres aux ecclésiastiques et la remit à de savans laïques.

Ce prince était si énergiquement prononcé contre la domination sacerdotale, qu'après les conférences qu'il avait eues avec lui pour la paix, le roi de Prusse écrivit à Voltaire : «Je

» ne crois pas que l'empereur m'ait pris pour
» son confident; mais à en juger par sa con-
» versation, c'est un philosophe qui nous effa-
» cera; nous ne sommes, vous et moi, que de
» petits garçons près de lui. »

Pendant le voyage que fit cet empereur sous le nom du comte de Falkeinstein, se trouvant à Spa avec le prince Henri de Prusse, ce prince lui demanda pour l'abbé Raynal, la permission de résider à Bruxelles. « Me ré-
» pondez-vous qu'il sera sage, dit Joseph II?
» — Je puis vous assurer qu'il n'imprimera
» plus rien. — Oh! ce n'est pas cela que
» j'entends : je crains que, si près de Paris, le
» diable ne le tente, qu'il n'y retourne et ne
» se fasse pincer comme ce fou de Linguet. »

Raynal dîna chez le prince avec S. M. I. et entreprit de l'endoctriner, aussi librement que s'il eût été sur sa chaise de paille, la plume à la main.

Quant à Léopold, il réveillait les anciennes prétentions des grands-ducs sur le duché d'Urbin; supprimait les franchises des biens ecclésiastiques situés dans ses états; réglait de sa propre autorité, sans demander le consentement du Saint-Père, plusieurs points de discipline religieuse et le régime intérieur des couvens, faisait abattre les représentations de saints, de saintes, etc., sur les routes; substituait l'usage de la langue vulgaire à celui de la langue latine, pour la célébration des offices; travaillait à affranchir les évêques de l'autorité pontificale; voulait que, de concert avec eux, les curés fussent juges de la foi comme de la discipline, et n'agissent que par les ordres du prince; enfin il s'efforçait d'arracher la Toscane à l'autorité spirituelle de la cour de Rome.

D'un autre côté, le duc de Modène renouvelait les anciennes prétentions de ses ancêtres sur une portion du Ferrarois, et prenait les armes contre le chef de l'Église; le sénat de Venise s'emparait d'une partie des biens du clergé; le roi de Naples s'occupait des moyens d'enlever au souverain pontife la prérogative de nommer aux évêchés et aux bénéfices de son royaume, de changer la circonscription de plusieurs diocèses, et de se soustraire à la suzeraineté temporelle du Saint-Siège, en refusant l'hommage féodal de la haquencée; enfin, on donnait pour mentors au jeune duc de Parme, des philosophes; ce qui fit écrire à Voltaire : « L'infant Parmesan sera » bien entouré; il aura un Condillac et un Leire. » Si avec cela il est bigot, il faudra que la grâce » soit forte. »

C'était ainsi que les souverains et les grands personnages traitaient les philosophes du dix-huitième siècle, et mettaient docilement en pratique leurs maximes, dont plusieurs pouvaient être bonnes, mais qui devenaient dangereuses, quand l'exécution n'en était pas graduelle. Tout concourait donc à enivrer ces honnêtes philosophes de leur propre mérite, jusqu'à leur déranger la cervelle! Les pensées les plus erronées, les déclamations follement hardies, débitées ou imprimées par les péroreurs et les écrivains, qui arboraient l'étendart du philosophisme, servaient de texte aux personnages du rang le plus élevé pour briller dans le monde. Des ministres des autels se déclaraient sceptiques, s'ils n'osaient se dire athées. Des princes, des ducs, des marquis, des comtes, très-vains de leur naissance, et qui tenaient infiniment à leurs priviléges féodaux, n'en mettaient pas moins une sorte de jactance à répéter partout les sorties virulentes qu'ils avaient lues ou entendues contre la noblesse.

Dans une séance publique de l'Académie française, où se trouvaient une cinquantaine de seigneurs et de dames de la cour, d'Alembert, lisant un de ses éloges, s'écria : *Nos courtisans si rampans et si vains*. Aussitôt, pour le remercier de ce joli compliment, ces Messieurs firent retentir la salle d'applaudissemens. Dans une autre séance à laquelle assistaient madame la duchesse d'Orléans, et d'autres princesses et femmes titrées, il dit, en parlant de madame la duchesse du Maine : *Elle aime les lettres, quoique femme et princesse.* Eh bien! ces dames applaudirent à leur tour, avec beaucoup de chaleur, persuadées qu'un géomètre, un philosophe, tel que le secrétaire perpétuel de l'Académie française, ne pouvait dire que de belles et bonnes choses.

C'était partout un déraisonnement épidémique; c'était à qui partagerait la démence à la mode; puisqu'en la partageant on était distingué et l'on parvenait, nos pauvres têtes s'y livraient sans réserve, elles se figuraient orgueilleusement qu'elles avaient des opinions bien arrêtées, tandis qu'elles n'avaient réellement aucune opinion, tandis qu'elles ne recevaient d'autre impulsion que celle qui leur était donnée par le vent qui soufflait alors.

Cependant ces idées philosophiques, si mal dirigées, si dénaturées, avaient été inspirées, dans l'origine, par le besoin d'un changement dans la constitution de l'état, et les bons esprits s'accordaient tous sur la nécessité absolue d'opérer ce changement. Mais, ainsi que le pensaient les vertueux ministres Malesherbes et Turgot, on ne pouvait y réussir, sans secousses, sans déchiremens, que par une progression prudente et sage dans les améliorations. Alors il eût été indispensable qu'unissant, aux bonnes intentions, les lumières, l'énergie et l'habileté, le gouvernement sût, avec adresse, s'emparer de la direction de l'esprit national, et qu'il traçât, d'une manière nette, précise, mais libérâle, la ligne qu'aucun novateur n'aurait pu dépasser. Tandis qu'il eût marché franchement, sans arrière-pensée, vers le perfectionnement politique exigé par les circonstances, il eût fallu qu'en même temps il réprimât et châtiât, non pas arbitrairement, suivant l'odieux et très-impuissant régime des lettres de cachet, mais légalement, les artisans de troubles, et les écrivains qui auraient donné une extension dangereuse aux principes philosophiques. Deux ou trois exemples de sophistes sévèrement punis, pour avoir prêché l'athéisme ou le mépris de l'autorité royale, auraient effrayé les autres, et comme, en général, ils étaient assez peureux de leur naturel, la plupart se seraient plutôt faits dévots, que d'encourir le sort de leurs confrères.

En suivant cette marche, on serait arrivé, par degrés insensibles, à l'établissement d'une liberté constitutionnelle complète. Louis XVI, si bon, si juste, si honnête homme, la voulait dans toute la sincérité de sa belle âme, cette liberté; mais il trouva des opposans dans ceux mêmes qui avaient tant accrédité, tant protégé l'exagération philosophique : ils refusèrent obstinément de concourir à ses vues régénératrices, et le vertueux monarque fut la victime de leur abandon.

La voie était ouverte; il était facile à nos très-hauts et très-puissans seigneurs de suivre l'exemple, et de seconder les vues bienfaisantes du prince, auquel ils se disaient si dévoués; par là, ils auraient eu le bonheur d'éviter une subversion générale, et de tout améliorer. Il eût suffi qu'ils consentissent à renoncer à quelques avantages qu'il n'était pas possible qu'ils conservassent plus long-temps. Chaque sacrifice qu'ils auraient fait leur eût acquis les honneurs du désintéressement, de la générosité, du patriotisme, et ce qu'ils auraient abandonné eût bien inférieur de beaucoups, à ce que l'horrible tyrannie révolutionnaire leur a enlevé. Ils ne doivent donc attribuer qu'à eux seuls tous les malheurs dans lesquels leur résistance les a précipités. Ils n'ont pas voulu mettre des digues au torrent, lorsqu'il en était temps encore, et le torrent les a entraînés avec tout l'édifice social.

Certes, on n'accusera pas les philosophes modernes d'avoir conseillé cette résistance de la cupidité, de l'orgueil et de l'ambition, dont les suites ont été si funestes; elle était trop contraire à leurs principes. Il faut aussi le dire : si, par leurs écrits, ces hommes, aujourd'hui tant préconisés et tant injuriés, ont occasioné de grands maux, qu'ils ne prévoyaient pas, ils ont aussi mérité, sous plusieurs rapports, la reconnaissance des amis de l'humanité.

Il est résulté de leurs travaux, notamment de ceux de Voltaire, de Montesquieu, de J.-J. Rousseau et de Buffon, les plus admirables progrès dans le mouvement imprimé à l'étude des sciences exactes, à la marche de la raison et des lumières. Si une tendance marquée à tout juger, à tout approfondir, dissipait quelques prestiges, si la religion même semblait descendre du haut rang où elle dominait, d'un autre côté le fanatisme était réduit à réprimer ses fureurs. Le gouvernement paraissait craindre de hardis précepteurs, et repoussait leurs leçons; mais des institutions barbares et vieillies tombaient;

différentes parties de l'administration s'éclairaient et s'amélioraient ; toutes les branches des connaissances humaines se liaient, se rattachaient à des principes communs, et se prêtaient un mutuel appui ; la littérature, qui semblait d'abord perdre du côté de l'imagination, gagnait au fond sous le rapport de la justesse des idées, de l'exactitude et de la vérité ; tandis qu'en même temps le domaine sévère des sciences se parait des ornemens d'une élocution plus brillante. D'Alembert et Diderot élevaient l'édifice de l'encyclopédie ; Condillac, Duclos, Dumarsais, portaient le flambeau de l'analyse et de la logique dans la métaphysique des langues ; Montesquieu révélait les causes de la décadence des empires, et les principes constitutifs de leur organisation ; et, au milieu de tous, Voltaire s'élevait comme le Briarée aux cent bras, triomphait de tous les obstacles, occupait tous les postes, et saisissait toutes les palmes.

Les sarcasmes indécens de ce génie extraordinaire contre la religion, les phrases imprudentes de Raynal, les mots affreux de

Diderot, étaient sans doute très-coupables; mais, à travers les erreurs et les excès, justement reprochés à ces écrivains et à d'autres philosophes leurs contemporains, puisqu'on voyait jaillir des vérités fortes, et de l'influence la plus utile et la plus salutaire, il y aurait de l'injustice à ne pas reconnaître ces vérités.

C'est à l'époque où les philosophes étaient considérés comme des oracles, que l'esclavage, qui existait encore dans une province de France (le Jura), fut aboli, et que le gouvernement de Danemarck l'abolit également à l'exemple de Louis XVI; que ce bel exemple fut ensuite imité par d'autres princes, notamment par le margrave régnant de Bade-Dourlach-Bade, qui, en abolissant la servitude dans ses états, et remettant les impôts qui y étaient relatifs, reçut de ses sujets des remercîmens dictés par l'amour et la reconnaissance, et y fit une réponse remarquable par l'esprit de philosophie, de sagesse et d'humanité qui y régnaient. Ce fut à la même époque aussi, que l'on abrogea les lois affreuses de la torture; qu'on adoucit, en

France, le sort des protestans; que, dans le parlement d'Angleterre, on réclama énergiquement contre le commerce des noirs; que les auto-da-fé devinrent moins fréquens en Espagne; que le grand Frédéric travailla lui-même aux moyens de limiter le despotisme; enfin, qu'inspirée par l'amour de l'humanité, l'impératrice de Russie, Catherine II, appela auprès d'elle des hommes, sur lesquels elle exerçait le pouvoir absolu, afin de leur communiquer un ouvrage de législation dont elle était l'auteur, et qui était conçu dans des principes philosophiques.

Concluons, en reconnaissant qu'aucun rapport n'existe entre les intentions des écrivains du dix-huitième siècle et les horreurs de notre révolution. Nous devons d'autant plus rejeter la pensée de l'existence d'un tel rapport, qu'il est incontestable qu'en 1789, l'homme le plus sage n'a pu prévoir ce qui est arrivé en 1792, ni le plus factieux espérer un tel résultat.

Voltaire, Rousseau, d'Alembert, Raynal, et d'autres qui se disaient philosophes, auraient cru se rendre coupables d'une insigne turpitude, s'ils avaient demandé que l'on fît précéder une constitution par cette fatale déclaration des droits de l'homme que l'assemblée constituante mit en tête de la sienne.

Alors, Raynal vivait encore : épouvanté des suites que devaient avoir des dispositions qui ne semblaient imaginées que pour favoriser l'effervescence du peuple, il eut le courage d'adresser le 31 mai 1791, à cette assemblée, une lettre dans laquelle il lui dit :
« J'osai parler aux rois de leurs devoirs, souf» frez qu'aujourd'hui je parle au peuple de
» ses erreurs. Serait-il donc vrai qu'il fallût
» me rappeler avec effroi que je suis un de
» ceux qui, en éprouvant une indignation gé» néreuse contre le pouvoir arbitraire, ont
» peut-être donné des armes à la licence ?.....
» Que vois-je autour de moi ? Des troubles
» religieux, des dissentions civiles, la conster» nation des uns, l'audace des autres; un
» gouvernement esclave de la tyrannie popu» laire, le sanctuaire des lois environné d'hom» mes effrénés, qui veulent alternativement
» ou les dicter ou les braver; des soldats sans
» discipline, des chefs sans autorité; des mi-

» nistres sans moyens ; la puissance publique
» n'existant plus que dans les clubs !... Vous
» vous applaudissez de toucher au terme de
» votre carrière, et vous n'êtes entourés que
» de ruines, et ces ruines sont souillées de
» sang et mouillées de larmes !... Qui osa ja-
» mais rêver pour un grand peuple une cons-
» titution fondée sur un nivellement abstrait
» et chimérique ?... Dans les temps de délire
» et de faction, il n'y a plus que la sagesse
» qui soit dangereuse. Ma pensée va jusqu'à
» désirer que le tombeau se referme promp-
» tement sur moi ; mais, vous recevrez d'un
» vieillard qui s'éteint, la vérité qu'il vous
» doit. »

Puisque Raynal désapprouvait d'une manière si énergique les erreurs de 1791, si
la mort ne l'eût enlevé peu de temps après
avoir écrit sa lettre, quelle eût été son horreur à l'aspect des forfaits de 1792 ! Eh bien !
Voltaire, d'Alembert, Diderot et surtout
Rousseau auraient éprouvé les mêmes sentimens.

Il était réservé à Louis XVIII d'opérer la
bienfaisante régénération constitutionnelle,

qui était l'objet des vœux de Louis XVI.

Que le ciel soit béni, d'avoir prolongé mon existence assez long-temps, pour que je fusse témoin de ce bienfait signalé de sa providence en faveur de mon pays!

CHAPITRE XXVIII.

Me voici en communauté d'amour avec les coryphées des philosophes. — Soumission plaisante de d'Alembert à la dame de ses pensées. — Frénésie amoureuse de cette beauté philosophe.

Un valet mit fin aux réflexions que m'inspiraient les notes que j'avais rédigées sur la soirée de mademoiselle de l'Espinasse; il m'annonça qu'un personnage d'une mine assez hétéroclite, avec une perruque à bourse, un habit gris, galonné en or, une épée couchée horizontalement à son côté, une longue canne à la main, et qui ne disait pas son nom, demandait à me parler. J'ordonnai qu'on l'introduisît. Dès que je l'aperçus, quelle fut ma surprise! ce personnage était M. d'Alembert! Un instant je pensai qu'il venait me demander raison de la mauvaise plaisanterie que je m'étais permise la veille à son égard; mais bientôt je fus détrompé, et j'appris que, très-soumis, très-obéissant esclave de son infante, il s'était humblement chargé de m'apporter, de sa part, une tendre missive. L'illustre ami de la Czarine et du grand Frédéric, le génie encyclopédique qui passait pour exercer un despotisme sans limites à l'Académie, avait en effet une mine assez risible lorsqu'il fit son entrée et s'acquitta de sa commission.

Moi, je me confondis en politesses, en marques d'égards, en témoignages de respect. Cet accueil, auquel peut-être il ne s'attendait pas de ma part, lui rendit sa sérénité et dissipa les petits nuages du mécontentement qu'il avait conçus contre moi.

— « Monsieur, me dit-il, vous avez conquis l'estime de mademoiselle de l'Espinasse. Je vous en fais mon compliment, car elle se connaît en vrai mérite. Elle désire causer avec vous, sans doute relativement à la soirée d'hier, dont mieux que personne elle vous fera apprécier le but. Je crois, monsieur, que la conversation d'une femme si supérieure à toutes les autres, doit flatter l'amour-propre d'un jeune homme de votre âge, et lui être infiniment profitable. »

Sa harangue terminée, le fidèle messager me remet la lettre dont il est porteur, lève le siége, me salue, et sort malgré les instances que je fais pour le retenir encore quelques instans.

Or, voici ce que mademoiselle de l'Espinasse m'écrivait :

« Je viens de passer une nuit sans sommeil, d'une longueur extrême... Pendant tous les instans de cette nuit agitée, pourquoi mon esprit n'a-t-il cessé de s'occuper de vous? Quel impétueux coup de sympathie !... Venez ce matin, venez, je vous en conjure; je serai seule, absolument seule; j'ai mille choses à vous dire.... Mais ne prenez point le change sur le motif du désir que j'exprime : je suis prémunie contre l'attrait qui me porte vers vous, par un sentiment profond, par le bien inestimable d'être aimée d'une créature parfaite.... D'un autre côté, le trouble du remords, la chaleur d'une passion qui est un crime m'empêcheront d'en commettre un nouveau. Je vous attends.... Songez que je compterai les minutes jusqu'au moment où je vous verrai paraître. »

Je devinai très-bien que la souveraine adorée du très-admiré secrétaire perpétuel de l'Académie française m'assignait un rendez-vous amoureux; mais plusieurs phrases de sa lettre étaient inintelligibles : je ne concevais pas ce que signifiait cette satisfaction qu'elle éprouvait d'être aimée d'une créature parfaite, et ce remords qui la tourmentait en même temps, en ressentant, d'un autre côté, une passion qu'elle regardait comme un crime.

Au reste, il ne me sembla point nécessaire de me fatiguer l'imagination à deviner un mystère dont j'espérais que ma sagacité ne tarderait point à me procurer l'explication. Je m'habillai à la hâte, afin de ne pas faire attendre cette moderne Léontium (1).

---

(1) Comme il est possible que quelques-uns de mes lecteurs ne sachent point quelle était *Léontium*, je leur dirai que c'était une courtisanne philosophe d'Athènes. Epicure fut son maître, et les disciples de ce philosophe ses amans. Métrodore fut celui qui eut le plus de part à ses faveurs; elle en eut un fils qu'Epicure recommanda en mourant à ses exécuteurs testamentaires. Léontium soutint avec chaleur les dogmes de son maître. Elle écrivit contre Théophraste avec plus d'élégance que de solidité. Son style, suivant Cicéron, étoit pur et attique.

Aucun sentiment pour elle ne jetait le trouble dans mon cœur; mais son esprit, sa conversation séduisante, l'ascendant qu'elle exerçait sur les hommes les plus renommés du siècle, m'éblouissaient, et, à la seule pensée de lui plaire, mon amour-propre s'enflammait. Ma toilette, quoique recherchée, fut promptement achevée; mon cocher fit brûler le pavé à mes chevaux; en quelques minutes j'arrivai chez l'idole de nos philosophes, et je la trouvai seule, ainsi qu'elle me l'avait annoncé.

Jamais réception ne fut plus sentimentale; jamais il ne s'offrit à mes regards une figure où le désordre et l'abandon érotiques se peignissent avec plus d'expression. Cette figure n'était point jolie, et n'avait jamais paru jeune, mais la chaleur d'une âme ardente, d'une imagination inflammable, d'un sang embrasé, l'animait et y répandait un charme irrésistible. Bientôt ce charme communique à ma tête, à mes sens, une exaltation délirante, sa bouche, ses yeux, le galant désordre de ses vêtemens, ses poses tour-à-tour voluptueuses, séduisantes mais toujours pleines de grâces, tout enfin jusqu'à son silence me dit : *Je veux être à toi.* Je la serre étroitement dans mes bras, où elle reste palpitante de désirs, de son sein qui fléchit sous ma main caressante, et la repousse soudain, s'exhalent de brûlans soupirs. Nulle résistance ne s'oppose aux tentatives les plus téméraires et je triomphe sans pouvoir m'enorgueillir d'une défaite qui ne m'a coûté aucun effort. A peine heureux le charme s'évanouit. Une victoire disputée eût rallumé des feux passagers. Les faveurs qu'on m'avait offertes ne m'invitaient plus au bonheur. Lorsque la fièvre ardente dont mademoiselle de l'Espinasse était tourmentée fut momentanément apaisée, des soupirs, des larmes, des exclamations romanesques succédèrent à l'égarement de tout son être, et m'expliquèrent le mot de l'énigme contenue dans son billet.

— «Grand Dieu! s'écria-t-elle, quand j'éprouve une passion aussi forte que profonde; quand une autre passion est venue verser du poison dans mon cœur et m'arracher à mon sentiment, faut-il qu'une troisième passion ravage mon âme par le trouble et le remords !.... Ah ! malgré la toute-puissance délicieusement asservissante de vos caresses, j'aurais dû vous résister !... Combien je souffre par le remords qui pèse sur mon âme ! combien je me vois coupable et indigne du bonheur dont j'ai joui !.... J'ai manqué d'abord à l'homme le plus vertueux et le plus sensible; j'ai manqué ensuite à l'être parfait pour lequel je lui avais manqué; après eux j'ai manqué à celui en faveur de qui je m'étais vue entraînée à manquer à l'un et à l'autre; enfin, je viens de me manquer à moi-même, en manquant avec vous, à tous les trois !..... J'ai perdu ma propre estime; je n'ai plus de droit à la vôtre !..... mais, je vais vous faire horreur; car je suis comme Pyrrhus, je m'abandonne au crime en criminelle. »

Voilà, dira le docteur, un de ces galimatias de sensiblerie qu'on débite avec emphase quand le cœur est tout de glace.

J'en conviens : ces exclamations sont du galimatias; mais, si elles ne partaient du cœur de mademoiselle de l'Espinasse, elles s'élançaient par sauts et par bonds, d'une tête exaltée, elles étaient le résultat d'un système nerveux toujours en mouvement. C'était sans aucun artifice, et avec une bonne foi, qu'aucune considération n'affaiblissait, que cette femme singulière faisait éclater ses remords, et qu'elle s'accusait d'être infidèle à M. d'Alembert pour M. de Mora, à M. de Mora pour M. de Guibert, et de l'être à ce dernier en ma faveur. Je ne parle pas de quelques autres, tels que Marmontel, Helvétius, qui étaient de forts beaux hommes. Elle cédait en aveugle à l'effervescence de son tempérament de feu, se désespérait ensuite d'y avoir cédé, et recommençait le lendemain à se précipiter dans les mêmes écarts, pour se livrer aux mêmes regrets, au même désespoir. Hélas, ces diverses passions qui la dominaient, tantôt successivement, tantôt à la fois, et toujours à l'excès, minèrent insensiblement sa constitution et causèrent sa mort prématurée.

Pendant qu'elle s'épuisait en jérémiades, et me faisait une confession dont les autres femmes se gardent bien en des circonstances pareilles à celles où nous nous trouvions, ma contenance était assez embarrassée : je passais tour-à-tour de l'étonnement que me causait une lubricité si candide et si bizarre, à de violentes envies de rire, qui m'étouffaient et que j'avais une peine infinie à réprimer. Afin de sortir de cette situation gênante, je me décidai à faire éclater aussi une explosion de galimatias bien sentimental. Mon imagination et mes sens étaient rentrés dans le calme le plus complet ; j'avais conséquemment recouvré la présence d'esprit nécessaire pour ne pas me trahir en jouant mon rôle. Je le jouai avec tant de succès, que le torrent d'extravagances que je débitai et qui eût paru très-comique à tout autre qu'à ma nouvelle conquête, produisit non-seulement l'heureux effet de la réduire au silence, mais encore celui de la plonger dans une extase d'admiration et de ravissement. Je fus dès-lors considéré par elle comme doué d'une délicatesse angélique, d'une sensibilité émanée de la céleste intelligence, d'une âme aussi sublime que passionnée. Les exclamations élégiaques cessèrent, les remords s'apaisèrent comme par enchantement, et, me serrant dans ses bras, la belle aux quatre amans me dit, avec l'accent d'une tendre satisfaction : « Je ne sais par quelle fatalité, ou par quel bonheur j'ai été susceptible d'une affection nouvelle; en m'examinant, je n'en saurais trouver ni expliquer la cause; mais, quelle qu'elle soit, ses effets mettront de la douceur dans ma vie. »

Attendu que je ne me sentais nullement disposé à lui procurer désormais cette douceur, je levai le siège et pris congé en promettant, ainsi qu'on m'en pressait, de revenir dans la soirée; mais bien résolu intérieurement de ne plus figurer dans l'attelage philosophico-érotique d'une beauté si singulièrement aimante.

CHAPITRE XXIX.

Je marche de surprise en surprise. — Je suis père d'un fils. — Grande révolution dans l'état d'Augustine. — Le destin semble vouloir me récompenser de mes fautes. — Le plus grand bonheur m'est promis.

En rentrant chez moi, le fidèle François Ricard me remit des lettres de M. de Bélancour, de sa vertueuse compagne, de l'abbé Rigobert, enfin de mon père et de ma mère. Toutes étaient numérotées et formaient un cahier plié sous une même enveloppe, ce qui m'étonna beaucoup.

La première que je lus fut celle de l'abbé Rigobert; il me mandait que mon Augustine venait de me donner un fils de la plus aimable figure et parfaitement constitué; que l'accouchement avait été heureux, et que la mère et l'enfant se portaient à ravir. Il croyait, disait-il, que le ciel, pardonnant à la faiblesse et à l'erreur, daignait ouvrir pour nous le trésor de ses miséricordes, et il terminait sa lettre en m'annonçant que bientôt nous nous reverrions.

Bientôt!... le bon abbé aurait-il donc le projet de venir à Paris?

«Ainsi que je l'avais prévu, m'écrivait madame de Bélancour, mon digne époux a reçu avec la bonté cordiale et franche qui le caractérise, la révélation que je lui ai faite du lien qui vous unit à notre Augustine, et du sentiment profond d'amitié existant depuis l'enfance entre elle et moi. Afin de prévenir toute pensée défavorable, et il m'importait qu'il n'en pût concevoir relativement à la conduite d'une amie si chère, il a fallu ne rien dissimuler. Je suis donc entrée dans les plus petits détails à cet égard ; je l'ai instruit des piéges séducteurs que vous avez mis en usage pour surprendre la candeur d'une âme pure, sensible et sans défiance. L'honneur d'Augustine, cet honneur qui doit être sacré pour vous, exigeait que je vous représentasse aussi coupable que vous l'avez été ; vous auriez tort de me reprocher de ne pas avoir omis quelques circonstances, adouci quelques traits.

» Je n'ai eu qu'à m'applaudir du parti que j'avais pris de parler sans réticences. Sur mon récit, M. de Bélancour a conçu un si vif intérêt pour Augustine, qu'à l'instant même il a voulu que nous nous rendissions près d'elle. Il me serait impossible de vous décrire l'attendrissement qu'il a ressenti en la voyant, en entendant les accens de sa voix, et quel attachement elle lui a inspiré quand il l'a mieux connue.... Mais, je ne veux pas lui enlever la jouissance de vous apprendre lui-même la nature du sentiment qui anime son cœur si noble et si généreux. Je me bornerai à vous dire que votre femme, oui votre femme, est l'objet de nos plus tendres affections, et que nous vous aimons tous.

» Sur le lit où elle vient de recevoir un fils de la bonté du Tout-Puissant, elle me supplie de lui permettre d'ajouter un mot à ma lettre : c'est donc sa main qui va la terminer. »

Post scriptum d'Augustine. « Cher Gustave, notre enfant est sur mon sein; je puise dans ses regards, qui semblent déjà me connaître, une assurance qui favorise les élans de mon cœur; aucune crainte ne m'arrête plus, et j'ose vous dire que je sacrifierais mille vies pour vous et pour ce fils qui est votre image... Combien de jouissances ineffables m'attendaient dans ce château, où l'amitié la plus dévouée m'a recueillie! Je m'y vois adoptée par les êtres les plus dignes d'amour et de vénération, et cet honneur me rapproche de mon adoré Gustave!... Je suis si heureuse, qu'il y a des instans où je me crois dans le ciel..... Oh! mon père! si tu existais encore, quelle serait ta félicité! »

On se mentirait à soi-même, ou l'on ne tiendrait plus à l'humanité que par une enveloppe matérielle, si l'on était capable de prétendre que les émotions qui naissent des sentimens, dont la source est dans la nature, ne sont pas les plus pures, les plus puissantes, les plus délicieuses. Ce que je venais de lire répandait toute la douceur de ces émotions dans mon âme; des larmes, qui me faisaient un bien, un plaisir inexprimables, tombaient de mes yeux, et mouillaient le papier que je tenais...... Mon Augustine me donnait un fils!... A cette idée, pénétré d'une religieuse reconnaissance, je regardais le ciel; il me semblait qu'un droit nouveau m'autorisait à le considérer, plus que jamais, comme ma patrie, puisque Dieu m'avait associé, en quelque sorte, à la gloire de la création. Ceux de mes lecteurs, qui ont le bonheur d'être pères, savent quelle tendre et sainte joie vivifie les plus nobles facultés de l'homme, la première fois qu'il acquiert ce titre sacré.

Après les élans d'attendrissement auxquels je m'étais laissé entraîner, je fis une remarque : « Le trésor des miséricordes, pensai-je, que, s'il faut en croire l'abbé Rigobert, Dieu ouvre pour nous; certaines expressions d'Hortense et le style d'Augustine, où règne un ton plus confiant que de coutume dans l'avenir, semblent m'annoncer qu'un mystère important doit m'être révélé. Hâtons-nous donc de passer à la lettre n° 3. » Celle de l'excellent M. de Bélancour. Quoique très-longue, je dois la rapporter ici textuellement; elle contient des faits d'un trop haut intérêt, pour qu'il me soit permis d'en retrancher une ligne.

LETTRE DE M. DE BÉLANCOUR.

« Mauvais sujet, écolier passé-maître dans l'art de la séduction, escamoteur d'innocence ! comment ta conduite ne te fait-elle pas mourir de honte ? Mais, que dis-je ? il paraît que le fripon jouit d'une santé à toute épreuve ; je suis même certain qu'il s'applaudit de ses faits et gestes, et que si l'on ne prend enfin un parti ferme à son égard, nous ne pourrons plus répondre de nos femmes et de nos filles. Qui se douterait de cela en voyant cette figure douce, agréable, ouverte ? Combien tu m'as trompé, et pourtant je m'y connais, je suis physionomiste !

» Tenez-vous donc pour averti, Monsieur, que j'ai établi, sous ma protection spéciale, la charmante enfant à qui vous avez eu l'infamie de plaire, et qui, par l'effet de vos complots diaboliques, est tombée dans le péché. Or, attendu qu'elle n'a été coupable que par surprise, sans qu'il y eût de sa volonté, et sans qu'elle cessât d'être un modèle de vertu, je vous déclare, devant Dieu et devant les hommes, qu'en ma qualité de père adoptif et de tuteur d'Augustine, j'ai souverainement décidé, que peu de jours après son rétablissement de l'accident qui résulte de votre infâme conduite, et ce rétablissement est complet ou peu s'en faut aujourd'hui, vous la prendrez pour femme, à la face de l'église, en présence de vos parens et des siens, et cela, sous peine de vous battre à outrance avec moi.

» Si vous croyez, Monsieur, que je plaisante, vous êtes dans une grande erreur. Quoique mon langage soit encore celui de l'amitié, je ne composerai point pour cela avec l'honneur. La réputation d'Augustine étant devenue inséparable de la mienne, si vous ne l'épousiez, il faudrait que l'un de nous deux fît à l'autre l'honneur de le tuer.

» Cependant, plusieurs circonstances, plusieurs témoignages, me persuadent qu'il n'y aura pas mort d'homme dans cette affaire, et que mon libertin se fera une douce violence.

» Votre mariage sera célébré avant la campagne qui va s'ouvrir; par ce moyen, si tu meurs sur le champ de bataille, ton fils aura une famille, et ta famille un héritier de son nom et de ses biens. Mais des motifs, qu'il n'est pas besoin de t'expliquer, car tu dois les deviner, nous ont fait paraître convenable que cette cérémonie eût lieu à Paris, plutôt qu'à Nancy ou à Lunéville. Sous quinzaine, nous serons tous dans cette grande capitale..... *tous*, entends-tu ? c'est-à-dire, le duc et la duchesse de Lénoncourt; oui, Monsieur, *eux-mêmes*; ta future, le bon abbé Rigobert, madame de Bélancour et moi. Dispose-toi donc à comparaître devant tes juges, et à faire une humble et solennelle réparation à l'objet auquel ta scélérate adresse est parvenue à ravir ce qu'il avait de plus cher, et qui eût tenté bien d'autres que toi.

» Je te vois d'ici tout ébahi des nouvelles que je t'annonce. Sachant combien tes parens sont ennemis des mésalliances, et combien les vues qu'ils avaient pour ton établissement étaient relevées, tu ne peux concevoir comment il a été possible d'aplanir si facilement, et à ton insu, les obstacles qui s'opposaient à ton union avec Augustine? Ils te semblaient insurmontables; cependant je n'ai dit qu'un mot, et ils ont disparu !... Voilà, je l'espère, un miracle des mieux conditionnés !... Eh bien ! sachez, Monsieur, que, sur la terre, nul autre que moi n'avait le pouvoir de l'opérer.

» Ici, Gustave, prêtez-moi toute votre attention. Le jour où madame de Bélancour m'instruisit de vos fredaines et des suites qu'elles avaient eues, je fus impatient de voir la jeune personne qu'elle affectionnait si vivement; arrivé près d'elle, les traits de son visage firent l'impression la plus pénétrante sur mon cœur. Ne pouvant articuler une seule parole, je la regardais avec un sentiment mêlé de surprise, et d'un plaisir extrême. Je sentis que je pleurais. Tu dois présumer que chaque jour je m'attachai davantage à un être qui m'avait inspiré tant d'intérêt à la première vue..... Quels souvenirs chers et douloureux sa touchante figure me rappelait !

» Bientôt une confiance intime s'établit entre l'abbé Rigobert et moi, quoique mes manières, toutes militaires, soient fort différentes des siennes : cela prouve que rien n'empêche les bons cœurs de se mettre facilement à l'unisson. Souvent le bon abbé me consultait relativement à différens objets concernant la tutelle d'Augustine. Un jour, embarrassé pour le dépouillement et l'arrangement de différentes liasses de papiers, composées de renseignemens utiles et de titres de propriétés, il me pria de le seconder. J'y consentis avec plaisir, et nous nous mîmes à l'ouvrage. Mais j'étais loin de m'attendre à la découverte que je dus à ces papiers !

» Il y a trente-cinq ans, un jeune homme, issu d'une des premières familles de notre province, orné de tous les dons qui charment au physique et au moral, ayant fait des études brillantes, et cultivant avec succès les arts et les sciences, devint amoureux de la fille d'un petit marchand; elle était belle, spirituelle, instruite et vertueuse. Une sympathie toute puissante lia si étroitement leurs cœurs; la jeune personne possédait tant de qualités précieuses, que son amant résolut de la prendre pour femme. La certitude que ses parens ne consentiraient jamais à lui laisser contracter ces nœuds disproportionnés ne l'arrêta point; il se flatta que sa constance et sa fermeté vaincraient toutes les résistances.

» Son père venait précisément de ménager pour lui une alliance, qui eût réuni, à une grande fortune, l'assurance des faveurs de la cour. Lorsqu'il en instruisit l'amoureux jeune homme, celui-ci lui répondit par un refus positif, et par l'aveu, franc et loyal, de la résolution irrévocable qu'il avait prise, de n'avoir jamais d'autre femme que celle qu'il avait juré d'aimer jusqu'à la mort.

» Figure-toi quel fut le chagrin du père à cette réponse. Tous les moyens de ramener ce jeune obstiné à des sentimens plus conformes aux vœux de sa famille sont employés; mais les représentations, les prières, les menaces, les traitemens rigoureux, ne produisent aucun changement dans ses dispositions : il reste inébranlable. Ayant enfin atteint sa majorité, il fait des sommations respectueuses à ses parens, et solennellement, au pied des autels, engage sa foi à celle qu'il adore. Violemment irrité de cette conduite, qui est à ses yeux le signe du mépris le plus criminel de son autorité sacrée, le père déshérite l'infortuné, déclare qu'il l'abandonne à jamais, et va le maudire, quand son autre fils se précipite à ses genoux, et, en les embrassant, parvient à arrêter les foudres de la malédiction, prêtes à éclater. Ému par ce mouvement de tendresse fraternelle : « Je n'irai » point, dit le vieillard, jusqu'à maudire ce » fils rebelle; mais qu'il ne reparaisse jamais » devant moi ; l'exhérédation que j'ai prononcée subsistera toujours. »

» A la nouvelle de sa disgrâce, l'âme fière et courageuse du jeune homme se releva. « Je ne suis point jaloux, dit-il, des avan» tages héréditaires, qui ne flattent que l'or» gueil ou la cupidité; je ne tiens qu'à l'exem» ple que j'ai reçu des vertus paternelles et » maternelles, et l'on ne peut me priver de » cet héritage-là. Du reste, ce qu'on ne doit » point à une vie sage, laborieuse et utile aux » autres, est d'un prix bien faible à mes yeux. » Sans regrets, je renonce donc à des titres » qui ne tendent qu'à nous persuader que notre » nature est plus parfaite que celle des autres » hommes, lorsque, trop souvent, nous som» mes loin de valoir la plupart de ceux que

» nous méprisons. Désormais, je ne veux rien
» devoir qu'à moi-même. »

» Peu de jours après, il disparut de Lunéville, avec sa femme, et je fus condamné à pleurer un frère qui, moins âgé que moi d'une année, était l'ami le plus cher de ma jeunesse, comme il avait été celui de mon enfance.

» Oui, Gustave, ce jeune homme énergique était mon frère. Il n'existait pas entre nos personnes la plus petite ressemblance; il était beau comme un Apollon; et tu sais que ce n'est point par la beauté que je brille; mais il y avait, entre nos âmes, des rapports qu'il n'aurait jamais dû oublier.

» Avant son départ, je réunis tout ce que je pus, afin de le nantir d'une somme d'argent assez forte pour le mettre en état de gagner du temps. J'osai même faire un emprunt considérable à mon père. Quoique je ne lui eusse jamais rien demandé, au-dessus de la pension qu'il m'accordait, il ne me fit pas de questions; mais je vis qu'il avait deviné la destination de cet emprunt, car, en accédant à ma demande, il me serra la main, avec une émotion qui exprimait presque un sentiment de reconnaissance.

» Nos adieux furent douloureux, un triste pressentiment avertissait mon cœur que je ne reverrais plus ce frère chéri. Le refus invincible qu'il fit de m'instruire des lieux où il allait se rendre, me causa une affliction profonde. Alors, je lui dis : « Promets du moins » que tu imagineras un moyen de me donner » indirectement de tes nouvelles et d'en rece- » voir des miennes. Promets aussi que tu au » ras recours à ton frère si la fortune te de- » vient contraire, si tu éprouves quelque be- » soin. »

» Il me répondit : « Puisque j'ai renoncé à » mon nom, aux avantages de ma naissance, » ma famille ne peut plus me considérer que » comme ayant cessé de vivre. Je n'aspire de » sa part, qu'au tribut de regrets et de ten- » dres souvenirs que l'on se plaît à payer à » ceux qu'on a chéris et qui ne sont plus. » Ne m'accuse pas d'insensibilité : ma con- » duite doit être une conséquence de mes ré- » solutions. Je t'aime tendrement ; il m'en » coûte plus que tu ne crois, de me séparer

» de toi ; tu seras l'objet des regrets de ma
» vie entière ; mais, il ne m'est plus permis
» de rien changer au parti que j'ai pris.....
» Embrasse-moi pour la dernière fois, mon
» bon frère, et séparons-nous. »

» Des soupirs, des sanglots, signalent nos adieux ; puis il s'arrache de mes bras, se précipite vers la voiture qui l'attend, et bientôt je l'ai perdu de vue... Dès ce moment je n'eus plus de frère.

» Pendant quatre années, tourmenté du besoin d'apprendre si le sort lui était favorable ou s'il n'en éprouvait que les rigueurs, je pris des informations de tous les côtés ; mais elles n'eurent aucun résultat propre à me tranquilliser. Dans cet intervalle je perdis mon père. Lors de la maladie dont il mourut, dans ces instants où l'homme détrompé apprécie à leur juste valeur les vanités humaines, je crus que mon devoir me prescrivait de le supplier de pardonner à ce fils malheureux. Un rayon de la joie la plus pure adoucit mes peines, car j'appris de la bouche de ce vieillard vénérable, qui se reprochait sa sévérité, que la grâce que je sollicitais était écrite depuis long-temps dans son cœur ! Il regrettait surtout amèrement que le cher exilé ne fût pas présent, ainsi que sa femme : une douce consolation eût accompagné ses derniers momens, si avant d'expirer il eût béni ce couple intéressant. »

« Connaissant, me dit-il, ta piété filiale et » ta tendresse fraternelle, je t'institue, en » présence de Dieu, l'organe du pardon que » j'ai accordé, et de la bénédiction paternelle, » que je prie le ciel de ratifier et de faire des- » cendre sur ton frère. »

» Je promis à mon père d'exécuter religieusement ses volontés. Quand la mort me l'eut ravi, quoique mon frère fût mon cadet, je résolus de partager également avec lui l'héritage de nos parens. Si le droit d'aînesse me paraissait très-sagement imaginé relativement aux familles des souverains, pour empêcher le morcellement des états, et ces sanglantes secousses politiques, qui ont répandu tant de calamités sur la France, pendant les deux premières races de nos rois; ce même droit, lorsqu'il concernait les particuliers, soit nobles, soit du tiers-état, n'était plus à mes yeux qu'un reste de barbarie, qu'un crime contre nature, qui couvrait d'opprobre les nations chez lesquelles il était établi. Je fis donc, sans hésiter, deux parts de la succession, et je plaçai en réserve celle de mon frère, avec la ferme intention de n'y toucher que pour la faire valoir et l'accroître au profit du légitime propriétaire.

» Comme je terminais ces arrangemens, une personne, chargée par moi de faire des recherches dans les colonies françaises, m'écrivit qu'à Pondichéry, un Charles de Bélancour faisait depuis trois à quatre ans de grandes spéculations de commerce qui, toujours aussi heureuses que bien conçues, l'avaient enrichi, en ouvrant à la compagnie des Indes et aux Colons, de nouvelles sources de prospérité. Mon correspondant m'avertissait en même temps, que cet homme, qui jouissait de la plus haute considération, se proposait de quitter Pondichéry, dont la température était nuisible à la santé de sa femme.

» De quelle joie cette lettre me combla ! « Dieu soit loué ! m'écriai-je. Mon bon Charles

» est retrouvé!... Mais, dans la crainte de le
» manquer, partons bien vite. »

» Aussitôt, je fais tous mes préparatifs de voyage, et me voilà dans une chaise de poste, courant nuit et jour. Arrivé à Lorient, je monte sur un vaisseau de la compagnie des Indes, qui, fort à propos, est prêt à mettre à la voile. Jamais traversée ne fut plus heureuse, et j'arrive à Pondichéry. Mais hélas! ce n'est que pour y apprendre, que mon frère a quitté cette ville, sur un navire hollandais, le jour même où je suis parti de France!

» La destination de ce navire, me dit-on, était Batavia. Je m'embarque pour cette colonie, et je n'y puis obtenir aucun renseignement satisfaisant. J'emploie ensuite près de deux ans à parcourir successivement les autres colonies, françaises, anglaises, hollandaises, espagnoles, portugaises. Il faut enfin que je revienne dans ma patrie, désespéré de n'avoir pu retrouver l'ami que m'avait donné la nature.

» Ce fut seulement il y a quelques jours que la destinée de cet ami si cher me fut révélée, et cela, par un de ces événemens qui déconcertent les vains calculs de la prévoyance humaine.

» Je feuilletais, avec l'abbé Rigobert, les papiers dont je t'ai parlé, sous ma main il s'en présente un qui me glace d'étonnement.

— » En croirai-je mes yeux ? m'écriai-je... Cette écriture est celle de mon malheureux frère !

— » De votre frère ? répond l'abbé, vous êtes dans l'erreur : c'est celle du respectable Michel.

— » Que me dites-vous ?... du père Michel ! Ah mon Dieu !... Mon frère et lui n'auraient-ils été qu'une seule et même personne ?... Quoi ! l'aimable Augustine.... elle serait ma nièce !

» Tout tremblant je poursuis mes recherches, et, sur l'enveloppe d'un paquet cacheté, je lis ces mots, que la main du père Michel avait aussi tracés : *Ce paquet ne sera ouvert que dans le cas où l'honneur de ma fille exigerait que l'on eût recours pour elle à une puissante protection.*

— »Cher abbé, rompons bien vite, rompons ce cachet.

— »J'y consens, d'autant plus volontiers que nous remplissons ainsi les intentions du défunt.

— »Pour abréger, mon cher Gustave, je te dirai que ce paquet contenait une relation de la vie de mon frère, écrite par lui-même. Il y raconte qu'après avoir quitté Pondichéry, avec une fortune assez considérable, fruit de son intelligence et de son travail, il est revenu en France sous le nom de Michel, que fort entendu en agriculture, il s'est établi près de Montereau, dans le village de La Tombe, afin de pouvoir de là, communiquer des moyens de travail et d'industrie à cette partie de la Champagne que l'on nomme *Pouilleuse.*

»Il acquit des terrains stériles et les fertilisa, fit de nombreuses plantations qui devinrent d'un riche produit, créa différentes branches de commerce intérieur, entretint l'abondance dans plus de vingt bourgs et villages environnans, et réussit à fournir à tous les âges des occupations utiles et à leur portée. Enfin, cet homme extraordinaire fut, pendant vingt-cinq ans, une providence pour plusieurs centaines de familles.

» Ce ne fut que six à sept années après son établissement au village de La Tombe qu'il eut Augustine ; jusqu'alors aucun enfant n'était né de son mariage. Il y avait trois ans qu'il était père, quand il perdit sa femme bien aimée, et il paraît qu'il ne lui aurait pas long-temps survécu, s'il n'eût été rattaché à la vie par la tendresse qu'il avait pour sa fille.

» Nous n'étions éloignés l'un de l'autre que d'une quarantaine de lieues, et je l'ai constamment ignoré ! et il a pu me laisser dans cette ignorance pénible ! Il a fallu un concours bizarre d'événemens pour que je découvrisse le lieu de sa retraite, et lorsque je le connais enfin, il n'est plus !... Cependant ce que j'ai lu m'assure que si la mort ne l'eût gagné de vitesse, il projetait de revoir son frère... Dieu ne l'a pas voulu !....

» Mais cessons de nous livrer à des pensées trop affligeantes, et parlons de notre Augustine. Je ne suis plus étonné de l'intérêt qu'elle a fait naître en moi dès la première vue :

c'était la nature qui parlait. Si tu savais combien je l'aime ! Quel trésor inappréciable tu posséderas !

» Ajoutez, monsieur le suborneur, que la fortune très-considérable, si honorablement acquise par son père, et la moitié de la succession de mes parens, qui lui appartient, et que j'ai plus que doublée, par l'accumulation des revenus, pendant trente ans, font d'Augustine l'une des plus riches héritières de la France.

» Vous devez sentir, heureux mauvais sujet, qu'avec un avantage si agréablement sonnant, après le tour diabolique que vous avez joué à ma nièce, votre père et votre mère n'auraient pu, sans déraisonner, sans m'outrager surtout, refuser leur consentement à votre union avec elle...... Depuis qu'ils ont vu Augustine, ils en sont dans l'enchantement. J'avais prévu cela, moi; vous savez, Gustave, que je suis physionomiste. Cette petite fille ensorcelle tous ceux qui la connaissent. Prépare-toi donc, monsieur le séducteur, à te bien conduire avec elle. Si elle n'est pas heureuse avec toi, c'est à moi que tu auras affaire.

» Mais ma main se fatigue ; il y a long-temps que je n'en ai écrit si long ; je termine ma lettre en t'embrassant de tout cœur en idée ; sous peu de jours, ce sera en réalité.

» Ton oncle futur,

» Le comte DE BÉLANCOUR. »

Après avoir lu cette dépêche, je me frottais les yeux, me levais de mon siège, et marchais en long et en large dans ma chambre, afin de m'assurer si je ne sommeillais pas. Je la relus une seconde, une troisième fois, et je me figurai que je rêvais encore. Les faits que me racontait M. de Bélancour me semblaient si loin de toute vraisemblance, que je ne pouvais me décider à y voir autre chose qu'un jeu de l'imagination. Comment en effet me persuader, sans y revenir à plusieurs fois, qu'il y avait de la réalité dans ce dénouement si satisfaisant, si subit, si imprévu, d'une aventure qui, jusque-là, ne m'avait fait apercevoir, pour l'avenir, que des difficultés à vaincre, que le courroux de ma famille, et une opposition invariable de sa part, à l'accomplissement de mon vœu le plus cher ?

Au reste, il était peut-être dans la nature des choses, pour qu'il y eût harmonie entre ce dénouement et la singularité des circonstances qui l'amenaient, qu'il reproduisît la même singularité.

Un romancier, qui eût voulu mettre en scène son héros, dans une situation pareille à celle où je me trouvais, eût fait plus de façons avant de l'unir à la dame de ses pensées : que d'obstacles, que de périls il lui eût opposés ! plus il les eût multipliés, plus il eût fait ressortir le courage et la vertu de ce héros, et plus l'intérêt qu'il eût attaché au triomphe de l'amour et de la constance eût été vif et profond. Mais alors, je n'étais pas plus un héros de roman, que je ne l'ai été depuis, et les personnages, avec lesquels j'avais des rapports intimes, ne présentaient en eux rien de romanesque. Ce fut bien sans m'en douter, sans avoir éprouvé la plus petite contrariété, sans que j'eusse fait une seule démarche, que s'aplanirent tout à coup des obstacles que je croyais insurmontables, et que ceux qui devaient s'armer de toute la puissance de leur autorité, pour me contraindre de renoncer à mon Augustine, daignèrent non-seulement consentir à me la donner, mais encore y consentirent avec joie, et vinrent eux-mêmes, de Lunéville à Paris, la mettre dans mes bras, en me disant : *Voilà ta femme !*

Dans sa lettre, mon père me faisait, il est vrai, quelques reproches sur ma conduite, sur le talent de séduction que j'avais mis en œuvre, et dont il ne s'était pas aperçu que je fusse doué. S'efforçant vainement de rembrunir ses couleurs, il me peignait les suites malheureuses que ma faute aurait eues, si Augustine n'eût été la nièce du comte de Bélancour; mais ce titre incontestablement acquis à cette jeune personne, la tendresse qu'elle lui avait inspirée presque à la première vue, et l'immense fortune qu'elle m'apportait, causaient au duc de Lénoncourt un contentement intérieur qui perçait à travers sa mercuriale et l'adoucissait infiniment. Le fait est qu'Augustine était l'un des plus riches partis auxquels il me fût permis de prétendre : la fortune de ma famille n'était pas assez considérable pour le rang qu'elle tenait;

il fallait un ordre aussi sévère que celui qui régnait dans notre maison, pour que mes parens soutinssent, sans faire de dettes, la représentation que ce rang exigeait.

Je communiquai au chevalier d'Érigny mon paquet de lettres; il ne partagea que médiocrement la surprise que me causait la narration de M. de Bélancour. « La manière facile et correcte de s'exprimer qui distinguait, me dit-il, le père Michel; les connaissances profondes et variées que sa conversation me fit découvrir en lui, sa bienfaisance éclairée et vraiment admirable, m'avaient révélé que la place qu'il occupait dans le monde était de son choix, et qu'il avait droit d'en occuper une, je ne dirai point plus utile à la société, et plus digne du respect des gens de bien, mais plus brillante. La seule circonstance surprenante, à mon avis, c'est celle du mystère qu'il a toujours fait au bon M. de Bélancour, à ce frère généreux et dévoué, de l'état honorable qu'il s'était créé. J'admire aussi les décrets de la Providence, qui, faisant grâce à un crime, en faveur de la jeunesse fougueuse et passionnée de celui qui l'a commis, et du germe des vertus qui réside en son cœur, ne veut pas que l'intéressant objet à qui ce crime ravissait l'honneur, en soit toujours la victime. Vous allez, mon cher Gustave, posséder une femme digne de tout votre attachement, et vous seriez bien coupable si vous vous rendiez jamais indigne de votre bonheur.

—» Non, non, je n'en serai point indigne!» m'écriai-je... Et je quittai le chevalier pour aller exprimer, en répondant aux lettres que j'avais reçues, les transports de la joie dans laquelle nageait mon âme.

CHAPITRE XXX.

Galerie de beaux-esprits. — Crébillon père et fils. — Marivaux. — De Moncrif. — De Saint-Lambert. — Piron. — Lefranc de Pompignan. — Gresset. — Desmahis. — De Boissy. — Colardeau. — Saurin. — Palissot. — Fréron, Dorat. — De Pezay. — Gentil-Bernard. — La Muse Limonadière. — Les foires Saint-Germain et Saint-Ovide. — Les Boulevards. — Ramponneau.

Le lendemain, le chevalier me dit : «Vous connaissez à présent, mon cher Gustave, ce philosophes dont l'influence s'accroît chaque jour davantage, et qui, je n'en doute pas, seront la cause de grandes secousses politiques, et peut-être de terribles catastrophes avant la fin du siècle où nous vivons. Mais il existe en France, dans toutes les parties des sciences, de la littérature et des arts, un très-grand nombre d'autres hommes distingués : les uns sont les antagonistes prononcés des philosophes; les autres ne s'occupent ni d'opinions philosophiques, ni de disputes religieuses, et ne s'écartent point du genre de connaissances ou de talens auxquels ils se sont consacrés. Si vous y consentez, nous employerons le peu de jours qui doivent s'écouler avant l'arrivée de votre famille et notre départ pour l'armée, à visiter plusieurs de ces savans, de ces hommes de lettres et de ces artistes. Il est nécessaire, pour votre instruction, que vous les voyez de près, car, quels que soient les événemens que l'avenir doit amener, ces hommes là rendront immortel ce XVIIIe siècle, où la poésie, les belles-lettres, l'histoire, la géographie, l'éloquence de la chaire et du barreau, l'éloquence académique qu'il a créé, l'astronomie, la physique, la médecine, la chimie, la diplomatie, le droit civil, etc., sont parvenus à l'élévation la plus éclatante, où tout enfin est cultivé et marqué par d'étonnans succès. Nous irons chez les uns, nous rencontrerons les autres dans les maisons où ils se réunissent, et nous compléterons ainsi nos études sur l'histoire littéraire de nos jours.»

La proposition que me faisait le chevalier était trop de mon goût pour que je ne l'acceptasse pas avec autant de plaisir que j'avais accepté toutes celles que cet ami éclairé m'avait déjà faites.

Notre première visite fut chez Crébillon, père et fils, qui vivaient ensemble comme deux amis, comme deux frères. Je m'étais figuré que l'auteur d'*Atrée*, d'*Electre*, de *Rhadamiste et Zénobie*, à qui le genre terrible qu'il avait adopté faisait donner le surnom de *moderne Eschyle*, devait être un homme d'un abord dur et sévère, et je vis au contraire un vieillard de quatre-vingt-quatre ans, d'un tempérament robuste, mais d'une candeur tenant de la bonhomie. Il était entouré d'une trentaine de chiens et de chats qui donnaient à son cabinet l'apparence d'une ménagerie. Nous fûmes presque suffoqués en y entrant, par les exhalaisons qui s'échappaient des corps de ces animaux. Pour les dissiper, Crébillon avait coutume de fumer beaucoup de tabac, mais ce moyen ne lui réussissait que très-imparfaitement.

Dès qu'il aperçut le chevalier, dont il aimait la société : « Ne me troublez point, lui cria-t-il, je suis dans un moment heureux:

je vais faire pendre un ministre fripon et chasser un ministre imbécille. »

Pour expliquer cette saillie, je dois dire que les passe-temps de ce tragique célèbre, dans la solitude où il se plaisait à vivre, étaient alors d'imaginer des plans de romans et de les composer de tête, sans les écrire. Or, nous le surprenions dans un de ces momens de verve. Mais bientôt il s'excusa en riant, et sa conversation me parut aussi intéressante qu'instructive ; elle décelait une modestie qui n'avait rien de simulé, un caractère élevé et franc, une âme sensible et bienveillante. Je me hasardai à lui demander par quel motif il ne voulait avoir d'autre société que celle des bêtes ; sa réponse fut : *C'est que je connais les hommes.*

Le caractère, les goûts, les habitudes, le genre de talent du père et du fils, offraient des oppositions si tranchantes que des juges superficiels auraient prononcé qu'ils devaient être sans cesse divisés. Il est pourtant à peu près démontré, pour ceux qui connaissent le cœur humain, que la bonne harmonie qui a constamment régné entre ces deux hommes si dissemblables, était produite précisément par les oppositions dont il s'agit.

D'Alembert a fait de l'un et de l'autre un parallèle d'une grande justesse. « Crébillon le père, dit-il, peint du coloris le plus noir les crimes et la méchanceté des hommes. Le fils a tracé du pinceau le plus délicat et le plus vrai, les raffinemens, les nuances et jusqu'aux grâces de nos vices; cette légèreté séduisante qui rend les Français ce qu'on appelle *aimables*, et ce qui ne signifie pas *dignes d'être aimés;* cette activité inquiète, qui leur fait éprouver l'ennui jusqu'au sein du plaisir même; cette perversité de principes, déguisée, et comme adoucie par le masque des bienséances; enfin, nos mœurs, tout à la fois corrompues et frivoles, où l'excès de la dépravation se joint à l'excès du ridicule. »

Tanzaï et Néardané, roman contenant des allusions satiriques, à peu près semblables à des énigmes, et des tableaux licencieux, qui firent mettre l'auteur à la Bastille; *les Égaremens du cœur et de l'esprit*, chef-d'œuvre que l'on regrette toujours de voir imparfait, car les mœurs corrompues des gens de la cour, à cette époque, et des gens à la mode, y sont peintes avec des couleurs vives, piquantes et vraies; *le Sopha*, ce conte prétendu moral, que l'on eût pu intituler *anti-moral*, prouve que d'Alembert n'a pas chargé le tableau en représentant Crébillon fils.

Du reste, j'ai connu peu d'hommes dont la conversation eût plus de légèreté, de grâce et de franche gaîté; on y retrouvait la causticité facile, la malice dénuée de fiel qui caractérisent ses écrits, et jusqu'à un certain point, ce n'est pas sans raison qu'on l'a surnommé le *Pétrone français*. Cependant le surnom de *Philosophe des femmes*, qu'on lui a donné également, lui convenait, selon moi, davantage encore, parce que, s'étant gâté dans ses derniers ouvrages, à force de vouloir affecter le ton des petits-maîtres et des hommes à bonnes fortunes, il avait pris un jargon presque inintelligible.

Nous vîmes ensuite Marivaux qui, persuadé que tous les sujets de comédies, tendant à développer un caractère, étaient épuisés, s'était frayé une route nouvelle en s'emparant du domaine des *pièces d'intrigue*, détermination qui produisit *la Surprise de l'amour*, *le Legs*, *les Jeux de l'amour et du hasard*, etc.

Marivaux fit ensuite des romans, tels que la *Vie de Marianne* et *le Paysan parvenu*, ouvrages supérieurs à ses pièces de théâtre, par l'intérêt des situations, la vérité des peintures du cœur humain, et la délicatesse des sentimens.

Mais aussi on aperçoit dans tous les ouvrages de cet auteur

> Une métaphysique où le jargon domine,
> Souvent imperceptible à force d'être fine.

La subtilité épigrammatique de son esprit, ses métaphores, toujours neuves à la vérité, mais souvent hardies et quelquefois hasardées, ses expressions détournées, qui n'ont de piquant que leur association, telles que celles-ci : *Ce que j'ai traduit d'après vos yeux ; des amans sur le pavé ; des cœurs hors de condition ; des yeux qui violeraient l'hospitalité*, eurent du succès, lui firent des partisans et bientôt des imitateurs. Une foule d'auteurs subalternes s'embarrassèrent dans un labyrinthe de phrases qui devint à la mode. Heureusement, ils n'avaient ni l'esprit, ni le mérite de leur chef, et ne copiant que ses défauts, ils n'offrirent dans leurs écrits, qu'un jargon précieusement ridicule. Des cris s'élevèrent de toutes parts pour le proscrire; on convint enfin qu'il ne serait souffert désormais que dans les ouvrages de Marivaux, où il s'est, pour ainsi dire, identifié avec les grâces de son esprit.

Dans le commerce de la vie, Marivaux se montrait sans aucune prétention, et son amabilité faisait rechercher sa société. La probité, le désintéressement, la bonté du cœur, la bienfaisance, s'alliaient en lui à la piété; enfin, l'attention scrupuleuse qu'il mettait à éviter ce qui pouvait offenser ou déplaire, lui acquit de nombreux amis. « *J'aime trop mon repos*, disait-il, *pour troubler en rien celui des autres.* »

Mais, l'homme le plus aimable et le plus obligeant de cette époque était Moncrif. Auteur d'un ouvrage très-agréable, intitulé :

Essai sur la nécessité et les moyens de plaire, il eût pu servir de modèle pour la pratique des préceptes qu'il y développait. Personne, en effet, ne savait mieux que lui se faire aimer et rechercher dans le plus grand monde. Il devait l'attachement qu'il inspirait et l'accueil distingué qu'il recevait, à une figure gracieuse et prévenante, relevée par une recherche pleine de goût dans sa parure ; à un esprit fin, une humeur égale, douce et complaisante, qui était accompagnée d'une véritable bravoure ; à des couplets délicats, des madrigaux flatteurs, et à l'avantage de lire avec ce charme attachant que l'abbé Delille nous a rappelé depuis ; à un caractère noble, généreux, aussi éloigné de l'orgueil qui offense l'amour-propre des autres que de la servile humilité qui excite le mépris des grands ; enfin, à une fidélité courageuse en amitié.

Moncrif donna une preuve remarquable de cette fidélité, en demandant, comme une grâce, de suivre dans sa retraite M. de Machault, que des intrigues de prêtres et de courtisans venaient de faire exiler. Cet honorable personnage méritait bien sa disgrâce, car étant contrôleur général, il avait osé entreprendre de mettre de l'ordre dans les finances du royaume, de faire taxer le clergé plus fortement qu'il ne l'était, et ordonné qu'il produirait un état exact de ses biens, afin que le roi connût jusqu'où s'élèverait la somme que ce corps opulent pouvait fournir au gouvernement. M. de Machault, étant ensuite passé au ministère de la marine, avait aussi commis le crime irrémissible de croire que le meilleur moyen de rétablir nos escadres était de préférer des officiers instruits et expérimentés, fussent-ils même roturiers, à des favoris titrés.

Dans un pays, tel que la cour, où l'on a coutume d'accabler de dédains et d'outrages l'homme qui cesse d'être en place, quoiqu'on l'ait encensé la veille, une demande de la nature de celle que faisait Moncrif devait paraître aussi singulière que hardie, de la part d'un académicien, secrétaire des commandemens du prince de Clermont, lecteur de la reine et de la dauphine, à qui Louis XV venait d'accorder les entrées, grâce qu'il avait refusée à Voltaire. Cependant, le respect que le caractère de Moncrif inspirait fut tel que, loin d'indisposer la cour, cette demande excita une sorte d'admiration, et, si l'on ne consentit pas à ce que celui qui la faisait suivit le ministre disgracié, on lui permit du moins d'aller tous les ans lui témoigner sa reconnaissance.

Depuis quelques années, la gaîté naturelle à la nation française avait créé le genre du vaudeville; Moncrif en fut l'un des principaux fondateurs, et ce fut sur un théâtre que l'on avait construit exprès dans le Temple même, où Chaulieu, La Fare et tous les illustres gourmands s'étaient jadis rassemblés. Bientôt la meilleure compagnie de Paris fréquenta ce spectacle. Moncrif était loin de s'imaginer alors, qu'un jour, le genre agréable et piquant des pièces que l'on y représentait, deviendrait un métier, par l'application bizarre du principe de Smith, relatif à la division du travail. Si Moncrif pouvait revenir parmi les vivans, il serait bien surpris de voir le nombre des faiseurs de vaudevilles presque aussi considérable aujourd'hui que celui des tailleurs et des cordonniers. Sa surprise n'aurait surtout plus de bornes, quand il reconnaîtrait qu'une partie de ces prétendus poètes, n'étant guère plus instruits que les honnêtes artisans dont je viens de parler, attachent pourtant leur nom à des pièces dont il leur serait impossible d'écrire une scène. Tout se perfectionne tellement, qu'il n'est même plus besoin de savoir lire un peu couramment, pour être initié dans la confrérie des vaudevillistes et des mélodramaturges ; il suffit d'indiquer un sujet à des auteurs écrivans, d'être doué de l'intrigue et de la tenacité nécessaires pour faire recevoir une pièce composée par d'autres que vous, ou d'exercer à un théâtre une place qui vous y donne de l'influence, alors vous jouissez, comme auteur, de votre part de l'honneur et du profit que rapportent les ouvrages que l'on joue, et vous partez de là pour vous décorer de la qualification d'*homme de lettres*.

Moncrif s'était particulièrement consacré au genre lyrique et avait obtenu plusieurs succès brillans à l'Opéra. Ses romances délicates et naïves, dans le goût de nos chansons du vieux temps; ses poésies fugitives, notamment *le Rajeunissement inutile*, *Ulysse et Cyrcé*, etc., pleines de douceur, de sentiment, d'esprit, de finesse et de grâce, se soutiendront toujours.

Plusieurs années après l'époque où je fis la connaissance de cet aimable poète, il mourut à l'âge de quatre-vingt-trois ans. Averti, depuis deux mois par un grand mal de jambes, de sa fin prochaine, il l'envisageait en vrai philosophe, s'entretenait de ce dernier voyage, et en réglait lui-même les apprêts avec la présence d'esprit et le calme qu'on avait admirés dans Socrate au moment de boire la ciguë. Après avoir satisfait à l'ordre public, aux devoirs du citoyen et du chrétien, il voulut semer de fleurs le peu de jours que le ciel lui accordait encore. Aimant la société des gens de lettres, des artistes et des femmes aimables, il les réunissait autour de lui, comme aux beaux jours de sa florissante santé; du lit où il devait bientôt cesser d'être, il se plaisait à jouir de leurs conversations spirituelles et gaies, de leurs concerts et de leurs danses. On eût dit que pour le départ sans retour, dont l'instant s'approchait, il voulait faire une ample provision de souvenirs délicieux. C'est ainsi qu'il s'endormit pour ne plus se réveiller, en véritable Anacréon, tel qu'il avait vécu.

Chez le prince de Beauveau, modèle de franchise, de noblesse et de grandeur d'âme, d'un esprit élevé, d'une vertu constante et ferme, d'une raison profonde, inaltérable, et supérieur à la faveur comme à la disgrâce, je vis Saint-Lambert, alors militaire, courtisan aimable, et ne cherchant dans les lettres qu'un délassement. Il n'avait pas encore terminé son poème des *Saisons*, qu'il ne publia qu'en 1769; mais il en lisait des fragmens dans les cercles les plus polis de la capitale, et ces lectures y produisaient un vif intérêt. C'était la première fois que l'on voyait, parmi nous, la poésie dirigée vers un but important d'utilité publique, et s'enrichissant des grandes vues de l'homme d'état. Le but de Saint-Lambert, dans son poème, était d'engager les riches à quitter quelquefois la ville pour la campagne; de leur en faire aimer les plaisirs simples et rapprochés de la nature; de les porter à encourager les travaux champêtres, à protéger, à honorer la classe estimable qui s'y livre. Il anima du charme des beaux vers les principes de la raison, de la morale et de l'humanité; il en orna les leçons de la politique, et s'attacha à ramener aux jouissances qui naissent des vertus domestiques et privées, ceux que nos institutions modernes et nos habitudes sociales en avaient écartés.

Le poème des Saisons offre une versification harmonieuse et pure, un style correct, élégant, quelquefois pompeux et toujours d'accord avec la pensée. On a reproché à l'auteur de la monotonie dans les formes et de l'embarras dans leur application. En convenant de ce défaut, on doit presque le considérer comme inséparable du genre de l'ouvrage, à la fois didactique, descriptif et philosophique. Quoi qu'il en soit, il est certain que Saint-Lambert eut la gloire d'ouvrir parmi nous une nouvelle carrière poétique et de créer une école assez nombreuse, quelquefois même assez brillante. Mais aussi, on ne peut nier que le genre nommé *descriptif* n'ait fourni à la médiocrité un moyen facile de succès, dont elle a non-seulement usé très-largement, mais encore beaucoup trop abusé.

Sur les pas de ce poète célèbre, en le surpassant presque toujours, sans lui rien emprunter, dans un genre souvent semblable, et souvent avec des qualités différentes, Delille aussi créa depuis une autre école qui eut un résultat à peu près pareil. Mais dans les poésies fugitives, et comme prosateur, dans ses contes moraux, Saint-Lambert est infiniment supérieur à Delille.

Je me pris d'une belle amitié pour un autre poète d'un caractère qui différait beaucoup de celui de Saint-Lambert, mais qui a *jeté en bronze*, ainsi qu'il le disait peu modestement lui-même, quelques-unes de ses productions. Ce poète était Piron, épicurien déterminé, joyeux convive, il oubliait quelquefois, dans ses discours, le ton de la décence et de la bonne compagnie, et n'en était que plus amusant; intarissable en saillies, personne jamais ne sut égayer, avec plus de naturel et de franchise, la conversation. Toujours neuf, toujours original, il semblait avoir hérité du sel de Rabelais, de l'esprit piquant de Swift, de la naïveté de Marot, de la verve de J.-B. Rousseau, et quelquefois du génie comique de Molière. Après avoir commencé sa réputation par des pièces remplies de détails plaisans, et composées pour la foire, il y mit le sceau par de belles odes et des contes passablement libres, par ses tragédies de *Gustave* et de *Fernand-Cortez*, par sa pastorale ingénieuse des *Courses de Tempé*, enfin, par la *Métromanie*, la meilleure comédie qui ait paru depuis *le Joueur* de Régnard.

Piron ne fut cependant pas de l'Académie française, mais tous les biographes sont inexacts en parlant de cette circonstance de sa vie. Voici ce que Piron m'a raconté lui-même :

« A la réception de M. de Bissy, le roi fit dire, en pleine séance à l'Académie, par M. le duc de Richelieu, qu'il était surpris qu'on ne m'eût pas nommé. C'était une espèce d'ordre de me porter à la première place vacante ; et cet ordre, joint au cri public et même aux vœux de la plus saine et de la plus grande partie de la compagnie, la jeta dans un assez grand embarras, parce que *j'étais d'usage à toutes les places vacantes, de ne remuer ni pied ni patte*, et qu'un des principaux réglemens de l'Académie est de ne recevoir personne *qui ne le demande et qui n'ait constaté sa prétention par une visite rendue à chacun des académiciens.* Mais rampe qui veut; ces messieurs avaient leur sorte d'orgueil *et moi la mienne! Je ne voulais rien ; je ne demandais rien.* Les voilà donc bien embarrassés pour me faire *vouloir* ce qu'il fallait qu'ils fissent. Qu'ont-ils imaginé pour ne point se compromettre ? M. de Bissy reçu, ils ont abrogé l'ancien réglement des visites, et l'ont restreint à n'en faire qu'une au directeur, pour dire au moins qu'on en veut être. *Je n'en ai pas été plus ardent; je n'ai pas bougé.* Or donc, ces messieurs *ne me voyant pas venir*, par une grâce qui n'eut et qui n'aura jamais d'exemple, *ont fait enfin les avances*, et m'ont nommé *tout d'une voix* : j'étais pris pour le coup; il n'y avait plus à reculer, et j'avais le malheur d'être l'un des quarante, quand un coquin bien caché (1), dans tout autre des-

---

1) La plupart des biographes prétendent qu'il s'agit ici de l'abbé

sein que celui de me servir, déterre heureusement pour lui, une *priapée* faite il y a trente-cinq ou quarante ans, la porte honnêtement au précepteur de M. le Dauphin (1), qui est académicien français, lequel, tout brûlant de zèle, va la lire pontificalement au roi. Tant bon soit-il, et tout instruit qu'il était depuis long-temps de ce fait, qu'aurait-il fait devant le grave personnage dont les cheveux gris se dressaient à chaque mot qu'il lisait et prononçait tout haut. Le bon prince fut obligé de me condamner à ce que l'évêque voulait, en envoyant dire à l'Académie de ne me point élire.

» Après cette aventure, je me vis libre, visité, caressé, fêté des honnêtes gens et des dévots mêmes, qui improuvaient que l'on eût sévi contre une misère prescrite depuis si long-temps. Pour comble de bonheur, bien-

---

d'Olivet. Cependant M. Perret, *Eloge de Piron*, dit : « On prétend
» que ce fut La Chaussée qui contribua le plus à faire exclure Piron
» de l'Académie ; celui-ci avait répandu des épigrammes contre le
» comique larmoyant, et contre celui qui se flattait d'en être l'in-
» venteur. La Chaussée en conserva toujours le plus vif ressen-
» timent. »

(1) Jean-François Boyer, ancien évêque de Mirepoix.

tôt après le roi m'a donné une pension de mille livres sur sa cassette. Si je prenais encore quelque part aux vanités de ce monde, je serais bien aise et bien glorieux, car je me trouve dans une belle passe de toute façon. J'ai obtenu *les honneurs littéraires*, puisque j'ai eu TOUS LES SUFFRAGES *sans en avoir mendié un*; j'ai quatre cents livres de plus que ne valent les jetons, et l'exemption d'assister aux assemblées; c'est avoir tous les bénéfices sans les charges. »

Ce récit m'égaya beaucoup. Rien ne me paraissait plus comique et plus original que le grave évêque de Mirepoix lisant *pontificalement*, d'un bout à l'autre, à Louis XV, la fameuse ode de Piron. Cette ode, si énergiquement érotique, devait produire un effet d'une bouffonnerie bien singulière dans la bouche du prélat. En l'entendant,

La sœur Agnès eût cru qu'il parlait grec.

Le monarque, passablement profane de sa nature, devait surtout s'amuser infiniment de l'étrange position et de l'embarras où, par l'excès d'un zèle ridicule, s'était placé le saint homme.

Si la société de Piron excitait en moi ce fou rire qui fait tant de bien, celle de Lefranc de Pompignan, à qui je fus ensuite présenté, m'édifia. Défenseur zélé de la religion, même dans son discours de réception à l'Académie française, sa piété véritable, ses vertus et ses bonnes actions comme chrétien; ses lumières et son intégrité comme premier président d'une cour souveraine, enfin, ses rares talens comme poète et comme prosateur, donnaient à ses écrits une autorité qui jeta si fortement l'alarme dans les rangs des philosophes, qu'ils se liguèrent tous pour le dénigrer. Voltaire, leur généralissime, lança contre lui une grêle de pamphlets mordans, tels que les *Quand*, les *Si*, les *Pourquoi*. On ne se borna point à tourner en dérision les écrits de l'auteur, on outragea encore sa personne par d'odieuses calomnies. Lefranc de Pompignan ne répondit aux satires dont il était l'objet, que par une vie exemplaire, consacrée à des actes de bienfaisance, et par de bons ouvrages. A ce sujet, on eût pu lui appliquer cette belle strophe de son ode sur la mort de J.-B. Rousseau :

> Le Nil a vu sur ses rivages
> De noirs habitans des déserts,
> Insulter, par leurs cris sauvages,
> L'astre éclatant de l'univers.
> Cris impuissans ! fureurs bizarres !
> Tandis que ces monstres barbares
> Poussaient d'insolentes clameurs,
> Le dieu, poursuivant sa carrière,
> Versait des torrens de lumière
> Sur ses obscurs blasphémateurs.

La tragédie de *Didon*, premier ouvrage de Lefranc de Pompignan, retrace, malgré ses défauts, la noble simplicité des bonnes pièces de Racine, quant au plan, et leur élégance quant aux détails. Énée y paraît bien plus grand que dans l'*Énéide*. Le dialogue en est aussi naturel qu'attachant, et les personnages y disent tout ce qu'ils doivent dire.

A la seconde scène du premier acte Iarbe demandait à Didon de quel droit elle régnait en Afrique ? Didon répondait par ces quatre vers :

> S'il fallait remonter jusques aux premiers titres,
> Qui du sort des humains rendent les rois arbitres,

Chacun pourrait prétendre à ce sublime honneur,
Et le premier des rois fut un usurpateur.

Or, ces vers furent retranchés par la police, et jamais ils n'ont été récités au théâtre ni imprimés. Voltaire, dans *Mérope*, a exprimé la même pensée :

Le premier qui fut roi fut un soldat heureux.

Pourquoi la police a-t-elle été plus tolérante pour ce vers que pour ceux de Lefranc de Pompignan?

Lefranc était très-versé dans la connaissance de la littérature grecque, et surtout des poètes tragiques de la Grèce; il avait fait une étude particulière d'Eschyle, dont il a donné une traduction justement estimée. Il a composé des odes, dont quelques-unes sont, du moins en partie, dignes de J.-B. Rousseau.

Que des ouvrages poétiques de Lefranc, on passe à ses productions en prose; on trouvera une simplicité touchante dans son *Éloge du duc de Bourgogne*; un jugement sain, un goût solide, un esprit nourri de la lecture des anciens dans ses *Dissertations*, sa *Lettre* à *Racine le fils* et ses *Discours académiques*; de l'agrément et de l'érudition dans sa *Dissertation sur le nectar et l'ambroisie*; enfin, on reconnaîtra dans Lefranc de Pompignan, l'un de nos meilleurs littérateurs, un poète formé sur les grands modèles, qui avait un goût pur et nous rappelait le dix-septième siècle, dont l'éclat s'affaiblissait et se perdait tous les jours.

Chez cet écrivain d'un si rare mérite, je trouvai Gresset. Depuis plusieurs années, retiré à Amiens, sa patrie, où il avait un excellent emploi de finance et s'était marié avec une femme riche, il était momentanément à Paris. On ne reconnaissait plus en lui l'auteur aimable, spirituel et gracieusement piquant de *Vert-Vert*.

Gresset était devenu non-seulement dévot, mais satirique, injuste et plein de fiel.

Il nous lut sa lettre contre les spectacles, qu'il allait faire imprimer, lettre dans laquelle il s'efforçait de prouver qu'un pays où l'on jouait la comédie et la tragédie ne pouvait être composé que d'habitans pervers. Ne voyant plus que des ridicules et des vices odieux dans ce qui lui avait paru jadis charmant, il répandait indistinctement sa bile sur tous les objets qui s'offraient à ses regards. Cependant, il n'en était pas moins d'une très-grande exactitude à toucher les produits de ses droits d'auteur quand on représentait ses pièces.

Au reste, cette maladie d'esprit, ou ce rôle joué avec un secret dessein, ne pouvait détruire les productions qui avaient placé Gresset parmi nos poètes les plus distingués. Il n'en avait pas moins composé *Vert-Vert*, ce poème original et vrai, où sont retracés avec tant de grâce, de franchise, de vivacité et de coloris, le pieux enfantillage et les mœurs du couvent; il n'en était pas moins le créateur du *Méchant*, la mieux écrite de nos comédies, modèle de goût et de versification, dont le dialogue est rempli d'aisance, de feu, le style précis, élégant, varié, et qui offre la peinture la plus fidèle des mœurs du temps. C'est sans contredit la meilleure satire qui ait paru depuis Boileau.

Cependant, tous les gens de goût se sont accordés à reprocher à Gresset le défaut de concision : il est vrai qu'il a employé quelquefois dix vers à ce qu'il eût fallu dire en deux.

En réfléchissant sur la vie de ce poète, une remarque s'est présentée bien naturellement à mon esprit : c'est qu'il fut comblé des grâces de la cour précisément à dater de l'époque où il se livra à ses déraisonnemens acrimonieux : ce fut alors qu'il obtint la place qu'il occupait à Amiens, le cordon de Saint-Michel, des lettres de noblesse, et souvent de fortes gratifications.

Je m'attachai presque dès la première vue au doux et gracieux Desmahis; mais bientôt après, une mort prématurée devait l'enlever à mon amitié, dans sa trente-huitième année, laissant inachevées plusieurs pièces de théâtre. Le caractère principal de sa petite comédie *l'Impertinent* est agréablement dessiné. Cet ouvrage abonde en jolis portraits, en saillies heureuses, en pensées fines, mais souvent alambiquées. On voit qu'avant de le composer Desmahis avait relu ce que La Rochefoucauld, Crébillon fils et l'auteur d'Angola ont écrit de plus piquant sur les femmes.

Dans les *œuvres diverses* de ce poète, on

remarque une poésie coulante et légère, une versification harmonieuse, un coloris frais, des pensées délicates, des éloges et des traits de satire bien tournés. Desmahis imitait assez heureusement la manière de Voltaire. « Ses poésies, dit l'abbé Sabathier, qui n'est point un flatteur, l'emporteraient sur celles de Chapelle et de Chaulieu, si l'esprit n'y étouffait pas trop le sentiment; ce défaut n'empêche pas qu'elles ne soient supérieures à tout ce qu'on a fait de nos jours en ce genre, pourvu qu'on en excepte les pièces fugitives de Voltaire, de Boufflers, et une grande partie de celles de Gresset.»

Mais ce qui vaut mieux que des poésies, c'est la réunion de toutes les qualités du cœur : Desmahis était plus attentif à ce qui concernait ses amis qu'à ce qui le concernait lui-même, et il mettait son bonheur à prévenir leurs moindres desirs. « Lorsque mon ami rit, disait-il, c'est à lui de m'apprendre le sujet de sa joie; lorsqu'il pleure, c'est à moi de découvrir la cause de son chagrin. » En parlant des gens de lettres, il disait : « Si l'union et l'harmonie régnaient parmi les gens de lettres, ils seraient, malgré leur petit nombre, les maîtres du monde. »

Desmahis me fit dîner un jour avec Boissy, homme mince, fluet et d'un extérieur assez commun ; il devait à son invincible timidité l'air le plus gauche. Afin de prendre un peu d'assurance, il portait jusqu'au luxe le soin de sa parure ; mais il n'en était pas plus hardi. A sa contenance embarrassée on n'eût jamais deviné qu'il était l'auteur du *Français à Londres*, des *Dehors trompeurs*, du *Babillard*, etc., comédies dans lesquelles on applaudira toujours des situations d'un bon comique, des peintures vraies des ridicules du temps, des vers ingénieusement épigrammatiques. Le privilége du *Mercure de France*, qui avait été accordé à ce poète, lui procurait une aisance très-honnête, mais insuffisante pour le faste qu'il se croyait obligé de soutenir. Avant qu'il eût obtenu ce privilége, il était si mal dans ses affaires que, pour adoucir sa détresse, il avait fallu qu'il se résignât à écrire, non-seulement outre mesure et à la hâte, mais encore à sacrifier son travail à d'autres auteurs. Souvent ces derniers avaient eu, sur la scène, des succès dus aux vers que Boissy avait substitués à leur prose. Ainsi, l'art de se faire une réputation, avec des ouvrages de commande, était déjà passablement cultivé au milieu du dix-huitième siècle.

Mais cet art s'est infiniment perfectionné dans celui-ci. Je pourrais citer aujourd'hui un bon nombre de personnages qui tiennent le haut bout dans la littérature, et qui n'ont pas même lu deux pages des productions scientifiques, historiques, philosophiques, critiques, poétiques, comiques, tragiques, imprimées, publiées ou représentées comme les produits de leur Minerve.

Chose plus singulière! si plusieurs de ces gens sont assez riches pour payer grassement les plumes de paon dont ils se parent, il en est qui, constamment brouillés avec l'argent, savent pourtant s'arranger de manière à être aussi bien servis que les premiers. Il ne m'a pas encore été possible de découvrir le sortilége qu'ils emploient pour acquérir *gratis* ce que les autres paient; mais l'admirable assurance avec laquelle ils jouissent des fruits de leur industrie, est un fait incontestable.

Ce n'est pas tout encore : en se donnant les apparences de savans ou d'hommes d'esprit et de talent, ces messieurs se font ce qu'on appelle un nom. Dès-lors, ils sont dispensés de la peine d'aller à la découverte de nouveaux ouvrages ; les libraires viennent eux-mêmes leur en apporter ; puis ils les supplient de vouloir bien illustrer ces enfans de pères obscurs, en les avouant au public comme le fruit de leur génie. Le grand homme se fait long-temps prier avant d'accorder cette insigne faveur ; enfin il se laisse vaincre moyennant une somme proportionnée au brillant succès que fait présager sa signature sur le titre du livre. Quant à l'auteur véritable, attendu qu'il n'a que de l'esprit, du talent, de l'instruction, et que s'il s'entend fort bien à travailler ses ouvrages, il n'entend rien à la science de se travailler une réputation ; attendu surtout que le besoin le talonne, force est pour lui de consentir à se priver de sa qualité de père légitime. Son consentement une fois donné, il s'agit de reconnaître le pénible sacrifice que fait l'honnête écrivain de son amour-propre et de ses espérances de gloire. On se montre en effet singulièrement généreux envers lui, car le manuscrit de l'ouvrage, ce manuscrit qui lui a coûté de nombreuses recherches, de fatigans travaux, de longues veilles, on le lui paye.... à-peu-près la valeur du cinquième ou du sixième de la somme qu'on s'est empressé de compter pour obtenir le grand nom du père putatif. Tel est maintenant le secret d'une infinité de réputations littéraires. Convenez, lecteur, que sous ce rapport, le premier tiers du dix-neuvième siècle laisse assez loin de lui tout le dix-huitième.

Je dus également à Desmahis la connaissance de Colardeau, qui venait de débuter d'une manière brillante dans la carrière poétique, par l'*Épître d'Héloïse et d'Abailard*, imitée de Pope, production où la chaleur du sentiment et le charme de l'expression se trouvent réunis au plus haut degré. Ce poète, des mœurs les plus douces, ennemi de la satire, était d'un commerce facile, agréable; il méritait d'avoir des amis, et il en eut jusqu'à la fin de sa carrière.

Saurin nous lut sa tragédie de *Spartacus*,

qui venait d'être reçue à la Comédie Française. Le rôle du héros me parut vigoureusement tracé; j'y remarquai des vers frappés, ainsi que Voltaire l'a dit depuis, *à l'enclume de Corneille*; mais le plus grand nombre, durs et prosaïques, décelaient, à parler sans figure, le pénible travail de *l'enclume*. J'ai rencontré peu d'hommes dont la société fût plus agréablement instructive que celle de Saurin. Il était philosophe et religieux en même temps; doué d'une mémoire prodigieuse et richement ornée, il se montrait toujours solide et piquant; on ne se lassait jamais de l'écouter, et souvent il égayait les cercles les plus spirituels par des saillies sans apprêts, par un laisser-aller d'un épicurisme original, mais décent, et par des couplets bachiques pleins de franchise.

A cette époque, Palissot lisait sa *Dunciade* et sa comédie des *Philosophes*, manuscrites, dans les hautes coteries, et se faisait détester et persécuter par le parti philosophique, sur lequel il déversait des flots de ridicule. Fréron, naguère jésuite et professeur au collége de Louis-le-Grand, puis sous-lieutenant d'infanterie, puis abbé, puis marié et remarié, puis comtesse; car il avait débuté dans la carrière de la critique par les *Lettres de la comtesse de****; Fréron, l'écrivain le plus attaché aux anciens principes, l'antagoniste le plus énergique, le plus chaud de la fausse philosophie, de l'affectation et du néologisme; Fréron, dis-je, dans son *Année littéraire*, irritait la bile de Voltaire, en le représentant comme un *plagiaire habile*, comme un poète brillant mais *bien inférieur* à Corneille, à Racine, à Boileau; comme un historien élégant, mais *inexact*; enfin comme le *tyran*, plutôt que le *roi* de la littérature. Voltaire ne lui répondait que par de grosses injures, et pourtant, quand un étranger lui demandait à quel homme de goût il devait s'adresser pour acquérir une idée juste des écrits qui paraissaient en France, la force de la vérité le contraignait de répondre : « Adressez-vous à ce coquin de Fréron; il n'y a que lui qui puisse faire ce que vous demandez. » Un seigneur de la cour de Turin, qui avait lu les virulentes sorties du patriarche de Ferney, lui manifesta son étonnement d'une réponse qui concordait si peu avec sa haine déclarée. « Ma foi ! répondit Voltaire, ce Fréron est le seul homme qui ait du goût; je suis forcé d'en convenir, quoique je ne l'aime pas, et que j'aie de bonnes raisons pour le détester. »

Alors Dorat fondait par ses productions et sa conduite, cette école de petits-maîtres, de freluquets du Parnasse, qui affichaient le dédain de la gloire littéraire, et pourtant s'exténuaient de fatigues afin de l'obtenir. Et quel était le produit de ces fatigues? des vers musqués, par lesquels ces messieurs faisaient chaque jour confidence au public de leurs bonnes fortunes, de leurs piquantes noirceurs en amour, et s'entre-félicitaient sans cesse des succès brillans, qu'à les entendre, ils accumulaient *au Pinde et à Cythère*.

Accoutumé par les excellens préceptes du chevalier d'Erigny, à n'aimer, dans les productions de l'esprit, que ce qui était naturel et vrai, je ne pouvais, sans étonnement, considérer l'assurance avec laquelle ces minces personnages se croyaient la fleur de la bonne compagnie, parce qu'ils étaient ignorans; et poètes, parce qu'ils rimaient facilement des fadaises. J'admirais combien les prétentions ridicules de la fatuité peuvent réussir dans le monde, quand l'impertinence les soutient. Aux yeux d'une infinité de femmes et de jeunes gens, l'ironie maniérée et le froid persifflage de ces farfadets littéraires passait pour de la gaîté, leur afféterie pour de la grâce, et leur babil mythologique, pour de l'imagination.

Dorat se distinguait pourtant, par quelque supériorité, de la plupart de ses disciples : il avait autant d'esprit que l'on peut en avoir quand on manque de sens; mais ses moyens moraux et physiques n'étaient point en proportion avec ses forces, il épuisait les feux follets qu'il nommait son génie et ruinait sa frêle santé à composer de grands ouvrages, et, ensuite, sa modique fortune à les faire réussir; enfin, cet ami de la mollesse et de la volupté, qui semblait ne monter son luth que pour chanter ses plaisirs, s'est exercé dans tous les genres, et l'on a la preuve qu'il a travaillé autant qu'un bénédictin. Heureusement pour le maintien du bon goût, La Harpe est venu pulvériser impitoyablement le frivole bagage du maître et de son école; dès lors ses élèves et leurs partisans ont sensiblement diminué, et leur jargon fardé est devenu un objet de dérision.

Pezay fut celui de ses élèves que Dorat affectionna le plus, il fut aussi le plus semblable à son maître, pour le genre de talent, mais non pour le cœur, car celui de Dorat était bon et généreux, tandis que celui de Pezay était égoïste et méchant. Quand il fut parvenu, non-seulement il abandonna son ami malheureux, mais encore il le méprisa. Il dut à sa fatuité de mauvais ton et à sa ridicule hauteur cette épigramme que lui décocha Rhullières :

<blockquote>
Ce jeune homme a beaucoup acquis,
Beaucoup acquis, je vous le jure ;
Il s'est fait auteur et marquis,
Et tous deux malgré la nature (1).
</blockquote>

---

(1) Le nom de famille de Pezay était *Masson*; il était fils d'un ancien commis au contrôle général. Tout Paris fut surpris en lisant dans la *Gazette de France* du 6 décembre 1776, que sa femme venait d'être présentée à la cour, avec la qualification de *marquise*. Il s'était introduit chez le comte de Maurepas, et faisait les délices de ce ministre, conjointement avec Beaumarchais. Ce fut à M. de Maurepas qu'il dut son mariage avec une demoiselle de condition du

Or donc, en vertu du droit que croyaient avoir les marquis de cette trempe, de tout savoir sans avoir rien appris, Pezay s'inquiétait fort peu, dans ses vers, de la fidélité du costume, et arrangeait les lois des convenances à sa manière. Sa *Zélie au bain*, dont le lieu de la scène est l'ancienne Grèce, présente une nymphe en *corset*, dont la *gaze* voile les charmes, et qui fait présent à son berger d'un *ruban*. Dans ses imitations de Catulle, de Tibulle et de Gallus, il parle du *boudoir* et de l'*alcove* de Lesbie, de Délie, de Nécra, et les fait appeler par leurs amans *friponnes* et même *coquines*. Il s'en faut peu qu'il n'affuble les beautés grecques et romaines de *toupets*, de *chignons*, de *paniers*, et d'*engageantes*. Enfin, si l'on examine le style de ce merveilleux marquis, on n'y trouvera que des traits fades et des enluminures d'éventail.

Dauphiné, appelée *de Murard*. Elle était fort belle, mais n'avait point de fortune; M. de Maurepas lui fit fait donner par le roi une dot considérable.

Pezay avait pour sœur madame de Cassini, femme très-élégante, qui tenait un bureau d'esprit, mais d'esprit léger, sémillant, persifleur et analogue au ton de la cour.

Bernard, qu'il produisit dans le monde et dont il commença la fortune, valait beaucoup mieux que lui : l'*Épître à Claudine*, la chanson de la *Rose*, l'opéra de *Castor et Pollux*, et même les poèmes de l'*Art d'aimer* et de *Phrosine et Mélidore* en font foi. Cependant, Bernard, alors tant vanté et bien déchu maintenant, était l'un des versificateurs les plus glacés et les plus ennuyeux. L'affectation et la sécheresse dominent dans toutes ses œuvres; elles sont aussi dépourvues d'harmonie que d'imagination. Ce poète dont le surnom de *Gentil*, que lui donna Voltaire, n'est réellement qu'un sobriquet ironique, a été justement apprécié par La Harpe.

«Ses vers pleins d'esprit, dit-il, sont dénués
» de sentiment, et le caractère de son style y
» est même opposé. Il cherche partout l'élé-
» gance et la précision, mais avec un effort
» que l'on sent partout. Sa composition est
» tendue et pénible; rien n'y est fondu d'un
» jet, rien n'y coule de source. On voit qu'il
» a fait un vers avec soin, et puis un autre
» avec le même soin; et en travaillant le vers,

« il ne fait pas la phrase », etc. » Tel était Gentil-Bernard.

Nous voulûmes connaître madame Bourette ci-devant Madame Curé, limonadière. Elle faisait de très-bon café, et en versait de nombreuses tasses à une fourmillière d'auteurs; ces messieurs la payaient par des éloges outrés de son esprit : en la nommant *la moderne Sapho*, ils exaltèrent tellement l'imagination de la dame, que ne rêvant plus que poésie, elle fit imprimer, sous le titre de *Muse limonadière*, un recueil de petites pièces rimées, qui était loin de valoir sa limonade. Un soi-disant laquais de Fréron lui lança une épigramme, où se trouvent ces deux vers :

O toi qui chantes les héros
Et qui fais d'excellens sirops, etc.

Lorsque je vis cette muse limonadière, elle venait de composer une comédie en un acte, intitulée : *la Coquette punie*, et dont l'intrigue était presque aussi neuve que l'art dramatique en France, puisqu'il s'agissait d'un valet déguisé en baron allemand, qui, l'emportant sur tous les amans d'une coquette, la couvrait de confusion lorsqu'elle apprenait quelle brillante conquête elle avait faite. Les deux premiers vers de cette comédie étaient ceux-ci ; un valet les adressait à son maître :

Vous quittez donc, Monsieur, sans avoir l'âme en deuil,
Ce bel objet rusé qui vous donnait dans l'œil.

A cette époque, les personnes et les choses les plus bizarres acquéraient une vogue si singulière, qu'on était tenté de l'attribuer à la folie. Dans les cercles, dans les promenades, jusque dans les rues, on voyait des gens de tous les âges et de tous les rangs, tenant des pantins et s'amusant à les faire mouvoir. On abandonnait le beau jardin des Tuileries et les Champs-Élysées pour les boulevards. Les jeudis, particulièrement, sur celui du Temple, deux files de voitures allaient au pas, et offraient aux regards les plus jolies femmes de la capitale, faisant assaut de parure et de coquetterie. Les petits maîtres, habillés avec une recherche galante, se promenant à pied entre ces équipages, faisaient des mines aux dames, et allaient papillonner de portière en portière, devant les belles qu'ils connaissaient. On descendait ensuite du côté des spectacles; les allées étaient couvertes de chaises, et l'on faisait chanter et jouer la jolie Fanchon, cette vielleuse gaie et spirituelle, qu'on a fait revivre, il y a une vingtaine d'années environ, au théâtre du Vaudeville.

Lorsque la foire Saint-Germain, ou la foire Saint-Ovide étaient ouvertes, on ne peut se figurer la fureur du public à s'y rendre le soir et à minuit. Des marionnettes, des bateleurs, à la honte du bon goût et des mœurs, y attiraient tout Paris, et l'on voyait à ces parades plus d'affluence qu'aux meilleures pièces jouées par les comédiens du roi.

Une bizarrerie surpassait toutes les autres; ce fût cette fureur comiquement épidémique qui poussa la cour et la ville; que dis-je? la France entière, à faire des incursions chez Ramponneau, misérable et sale cabaretier de la Courtille. Et quel spectacle attendait les gens bien élevés et polis dans ce cabaret?

Celui de la plus crapuleuse ivrognerie, car les guinguettes d'aujourd'hui sont des lieux enchanteurs comparées à celles de ce temps-là.

Comment un goût si vif pour des scènes hideuses avait-il pu naître ? On le devait à *la Pipe cassée*, aux *Bouquets poissards*, au *Déjeuner de la Rapée* et aux *Lettres de la Grenouillère*, de l'Anacréon de la Courtille, du Téniers de la poésie, en un mot, de Vadé, créateur du genre poissard, dont on raffolait alors. Vadé était mort l'année précédente (4 juillet 1757), à l'âge de trente-sept ans, et tout le monde voulait voir en action les scènes basses qu'il avait décrites.

Partout on ne parlait donc que de Ramponneau : il inspirait un engouement si extraordinaire qu'un directeur de spectacle crut faire une superbe spéculation en engageant l'homme du jour. Le traité fût signé ; mais au moment de l'exécuter, le scrupuleux cabaretier allégua sa conscience, invoqua la religion. Il plaida ; le parlement lui donna gain de cause, et l'engagement fut cassé. Ramponneau ne tarda point à faire une grande fortune ; il acheta une de ces charges qui donnaient la noblesse, et qu'on appelait *savonnettes à vilains*, et son fils fut conseiller au Châtelet. Enfin, le nom de cet homme est resté à la barrière devant laquelle il acquit tant de renommée.

CHAPITRE XXXI.

Je revois tous ceux que j'aime. — Mon mariage. — Mon départ. — Mon arrivée à l'armée. — Esprit qui en dirige les chefs. — Souper au camp. — Scène tumultueuse. — Le portrait. — Vive querelle. — Provocation. — Duel. — Mort du marquis de Louville. — Harangue du prieur de Saint-Nicolas à mes dragons. — Scène d'amitié chevaleresque entre le comte de Gisors et moi.

Enfin je vis luire le jour bienheureux qui réunit près de moi tout ce que j'aimais.

Mon père, ma mère, monsieur et madame de Bélancour, l'abbé Rigobert, Augustine, mon fils, la maigre et bonne demoiselle Lami, devenue l'inséparable de ma mère, et même la très-dévouée Catherine, arrivèrent ensemble dans deux berlines de voyage.

Suprêmes délices de la nature, de l'amour et de l'amitié, avec quel enchantement je vous savourai! Combien les attraits et les grâces de mon Augustine avaient acquis de perfection depuis que je ne l'avais vue! Combien était attendrissante l'expression de sa figure, lorsqu'elle tenait son enfant et le remettait sur ma poitrine agitée pour le livrer à mes baisers paternels! Quelle vive et sainte joie brillait dans les yeux de madame de Bélancour! On eût dit une divinité bienfaisante dont la beauté pure était alliée à une sensibilité inépuisable, à la force et à la dignité d'une âme céleste. Je passais des bras de la duchesse dans ceux de mon père, et me précipitais de nouveau sur le sein de cette excellente mère. M. de Bélancour me faisait perdre la respiration en me serrant dans les siens; il larmoyait, riait en même temps de son gros rire, et s'écriait: *J'aime autant ce vaurien-là que s'il était mon fils! Il est devenu bon sujet et il continuera de l'être ; je m'y connais, je suis physionomiste!* L'abbé Rigobert pleurait aussi, mais ses larmes étaient l'effusion de sa reconnaissance envers Dieu. «L'être souverainement tutélaire et miséricordieux, disait-il, ouvre pour nous les trésors de sa clémence; répondons à ses bienfaits par un concert unanime d'union, d'amour et de charité chrétienne.»

Peu de jours après, Augustine et moi reçûmes la bénédiction nuptiale à Saint-Sulpice. Il avait été décidé que la cérémonie aurait lieu à minuit, sans appareil. Aucune personne étrangère à nos familles n'avait été invitée, à l'exception de la généreuse duchesse de ***, qui était initiée dans tous nos secrets, et qui avait absolument voulu représenter la mère d'Augustine. Cependant, malgré l'espèce de mystère dont nous étions entourés, j'eus pour témoins du nœud solennel que je formais, plusieurs anciennes connaissances que je ne m'attendais guère à trouver là. Je fus pétrifié d'étonnement lorsque j'aperçus parmi les assistans, le croira-t-on ? la tranquille demoiselle Anastasie Doucin, la très-majeure mademoiselle Adrienne de Rosseville, la dévote madame de Mirval, que je ne croyais pas à Paris, la séduisante Saint-Clair, ci-devant Toinette, cachée sous un long voile, et même la philosophe sentimentale de l'Espinasse. Ces dames semblaient s'être donné rendez-vous pour observer quelle figure ferait, en s'engageant pour la vie, le volage qui les avait *aimées* tour-à-tour quelques instans. Je crus d'abord que cette réunion de belles, que j'avais assez lestement quittées, était une mystification arrangée par quelque mauvais plaisant. Mais bientôt je me rassurai, et considérant gaîment l'aventure, je saluai les aimables curieuses de l'air le plus poli et le plus riant. Je me promettais pourtant de tout mettre en usage pour découvrir à qui j'avais l'obligation de l'espèce d'embarras où l'on m'avais mis un moment. La vérité c'est que rien, dans cet événement, n'avait été prémédité : des amis de la duchesse avaient appris à plusieurs personnes que j'allais m'unir à une demoiselle charmante, et cela presque *incognito;* cette nouvelle était arrivée de bouche en bouche, jusqu'aux oreilles de ces dames : aiguillonnées par la curiosité, si naturelle à leur sexe, elles n'avaient pu résister au vif désir de s'assurer, par leurs propres yeux, si la femme que je prenais était aussi belle qu'on le prétendait, et si elles n'étaient pas plus aimables que la rivale qui les avait toutes supplantées.

La cour ne me laissa pas jouir des douceurs de la lune de miel, car, dès le lendemain de la célébration de mon mariage, pendant que nous déjeunions en famille, je reçus l'ordre de partir sans retard, avec le chevalier d'Érigny, pour aller en Hanovre joindre l'armée dont le prince de Clermont venait de prendre le commandement. Il fallut donc m'arracher des bras de ma chère Augustine, avant d'avoir eu le temps de bien me pénétrer de toute l'étendue de mon bonheur.

Alors, mon oncle, M. de Bélancour m'instruisit de plusieurs arrangemens que j'ignorais encore, et qui tempérèrent un peu la douleur de me séparer, peut-être pour toujours, car les chances de la guerre autorisent un doute si cruel, d'une épouse adorée, d'un père et d'une mère pour lesquels j'aurais sacrifié mille fois ma vie, et d'une amie aussi parfaite que mon aimable tante. Voici quels étaient ces arrangemens : le comte de Bélancour ayant un commandement à l'armée, mon régiment devait faire partie de sa division ; l'abbé Rigobert était nommé aumônier de ce régiment, et madame de Bélancour ainsi qu'Augustine devaient se rendre dans une ville voisine du théâtre de la guerre, afin que nous pussions, avec facilité, nous donner réciproquement de nos nouvelles, et peut-être, sans que le devoir en souffrît, trouver des occasions de nous voir quelquefois.

Nos équipages étant prêts, nous partîmes donc, M. de Bélancour, le chevalier d'Érigny, le prieur de Saint-Nicolas et moi, dans la même voiture. Mon fidèle François Ricard nous suivait, dirigeant nos gens et nos chevaux. Nous courûmes, jour et nuit, et fûmes bientôt arrivés à notre poste.

Je ne parlerai point des règlemens militaires et des formalités auxquels je fus tenu de me soumettre pour avoir le droit d'entrer en possession de mon grade de colonel, ni de l'accueil très-distingué que me fit le prince de Clermont. Je dirai seulement que, m'étant imposé la loi de ne point m'écarter des préceptes éclairés du sage Mentor à qui j'avais déjà tant d'obligations, je me livrai tout entier au soin de connaître exactement les plus petits détails relatifs à l'administration et à la conduite de mon régiment, à ne laisser rien à reprendre sur la manière de faire mon service, et surtout à mériter l'estime et l'amitié de mes officiers et de mes dragons. Bientôt je ressentis une satisfaction inexprimable, en apprenant de la bouche même du chevalier d'Erigny, de cette bouche dont il ne sortait jamais ni une flatterie ni un mensonge, que le succès commençait à récompenser mes efforts.

Je ne fus pas long-temps à acquérir la conviction que les désastres successifs qui, depuis trois ans, accablaient nos armées n'avaient été que trop provoqués. Que vis-je à la tête des divisions, des brigades, des régimens et même des compagnies? la plus grande partie des noms illustres de la France, traînés par des hommes ignorans, cabaleurs, avides d'argent, amollis par le luxe, ne doutant de rien, éloignés des lois de l'honneur, affichant tous les vices, et méprisant cette austérité de mœurs, principe des vertus mâles et vigoureuses qui font les grands hommes. L'armée était surchargée et embarrassée par une multitude d'officiers généraux. Les uns devaient le choix qu'on avait fait d'eux au ministre d'Argenson, prédécesseur de M. de

Belle-Isle; voulant que son fils fût lieutenant-général, mais n'osant le faire passer par dessus ses anciens, il avait trouvé tout simple de les élever tous à ce grade, afin de pouvoir comprendre ce cher fils dans la fournée. Les autres avaient eu l'honneur d'être portés au généralat, par l'influence passionnée, imprudente, indécise, mais toujours despotique, toujours déplacée, de la maîtresse du roi. Ceux-ci étaient inutiles; ceux-là, fort à charge ou dangereux, par leur ignorance, leur présomption, leur légèreté, l'esprit de cabale qui les agitait, et notamment par la profusion de leurs dépenses, et les voleries nécessaires pour soutenir, soit à l'armée, soit à Paris, cette ruineuse profusion. Je vis des régimens menés par des enfans, qui sacrifiaient à leurs caprices les meilleurs sujets et les meilleures institutions; qui travestissaient la tactique en un petit jeu de ridicules marionnettes, et qui, autorisés par des ordres supérieurs à établir ces absurdes et alarmantes nouveautés, semblaient avoir pris à tâche de dévouer nos troupes à de sanglans affronts. Enfin, j'appris que les déplorables progrès que faisait journellement la corruption, l'indiscipline et les bévues, avaient inspiré tant de dégoûts aux vieux officiers et aux vieux soldats, qu'ils s'étaient retirés, afin de ne pas être témoins impuissans des disgrâces flétrissantes réservées à la nation qui a le plus de courage, le plus d'esprit et le plus d'âme.

Et c'était une armée conduite par des chefs si gangrenés, une armée qui renfermait tant de principes de désordre, de désorganisation et d'anarchie, qu'on avait appelée à rétablir l'honneur de la France, compromis par les iniquités du maréchal de Richelieu. C'est cette armée qu'on avait chargée de cueillir des palmes glorieuses, afin de faire oublier l'impéritie avec laquelle le prince de Soubise s'était acquitté de son commandement en Saxe, en se laissant mettre dans une déroute complète, dès la première décharge, à la funeste bataille de Rosback, et en faisant une retraite encore plus honteuse que la bataille! C'était cette armée qu'on ne craignait pas d'opposer aux troupes du grand Frédéric; à ces troupes qu'il avait disciplinées lui-même, qui avaient triomphé naguère des forces réunies de la Russie, de l'empire d'Allemagne et de la maison d'Autriche, de la Saxe, de la Suède et de la France, lorsque, résolues de lui enlever tous ses états, ces puissances en avaient déjà fait le partage entre elles, sans que personne songeât à la fable de l'ours! A ces troupes, enfin, et à celles des alliés du monarque prussien, que commandait le prince Ferdinand de Brunswick, si accoutumé à battre nos généraux, et son neveu, le prince héréditaire de Brunswick, dont les talens supérieurs semblaient annoncer les lauriers qu'il devait cueillir par la suite!

Je revis avec joie le comte de Gisors; on sait quelle sympathie nous unissait déjà. En nous retrouvant au milieu d'un camp, la veille d'une bataille où l'un et l'autre nous brûlions du desir de nous signaler, où l'un de nous peut-être terminerait, dès son aurore, une carrière si riche d'espoir et d'avenir, le sentiment irrésistible qui nous unissait semblait s'accroître encore et nous rendre inséparables au moment même où le fer ou le plomb des braves pouvaient nous séparer à jamais.

Gisors m'invita à souper ainsi que le comte de Bélancour et le chevalier d'Érigny, qu'il aimait, disait-il, autant que son ami Gustave, et dont il connaissait et honorait le caractère, les talens et la bravoure. Plusieurs officiers de différens grades devaient assister à ce repas. J'appris que le marquis de Louville était au nombre des convives.

Je remerciai le hasard qui me faisait rencontrer chez Gisors, le ravisseur dont l'intéressante Aglaé avait si énergiquement combattu les desirs, si miraculeusement déjoué les projets. Je ne connaissais pas le major et j'étais curieux de voir s'il méritait, par son amabilité, par les grâces de son extérieur, d'inspirer une passion aussi vraie, aussi forte que celle qu'Aglaé avait conçue pour lui, et je dois convenir qu'il était fait pour plaire.

Cette circonstance me rappela et le récit de Toinette, et l'heureux dénouement du petit drame que j'ai succinctement analysé dans le chapitre XXIII de ces Mémoires, et j'en causai si longuement avec le chevalier d'Érigny que je n'achevai mon récit qu'au moment de pénétrer sous la tente où les convives déjà réunis, en attendant qu'on vînt les avertir que le souper était servi, s'entretenaient diversement sur les opérations militaires qui pourraient assurer le succès de la campagne.

Nous ne tardâmes pas à nous mettre à table. La conversation s'engagea de nouveau sur le même chapitre; elle fut intéressante, animée, et devint bientôt générale. Mais au dessert elle changea d'objet. D'excellens vins, versés avec profusion, avaient échauffé les esprits, et quelques jeunes fous, parmi lesquels le marquis de Louville se faisait remarquer, firent hautement la confidence de leurs bonnes fortunes; chacun d'eux affichait à l'envi la honte des femmes dont il avait brigué, obtenu les faveurs, et sans respect pour d'honorables familles livrait les noms de ses victimes aux plus piquantes railleries, à l'hilarité, aux réflexions les plus indécentes.

M. de Bélancour riait de tout comme à son ordinaire; le comte de Gisors, le chevalier d'Érigny et moi essayâmes plusieurs fois de mettre fin à ces scandaleuses révélations, mais ce fut vainement, les têtes étaient exaltées, et sans un éclat que nous voulions éviter, il n'était plus possible d'arriver à ce but.

Malgré son flegme accoutumé, le chevalier d'Érigny se contenait avec peine; quoique je connusse sa prudence je l'engageai à sortir quelques instans, il refusa. Le comte de Gisors et moi quittâmes furtivement la table, le bruit qu'on y faisait devenait vraiment insupportable.

Le moment de calme dont nous voulions jouir ensemble ne fut pas de longue durée; le comte de Bélancour agité, hors d'haleine, nous cherchait, il nous vit, accourut et nous apprit que le marquis de Louville et le chevalier d'Érigny s'étaient disputés, insultés, provoqués; qu'un rendez-vous avait été donné et accepté pour le lendemain matin.

Sans demander le sujet de la querelle à M. de Bélancour, qui brûlait du desir de nous en donner les détails, nous rentrâmes précipitamment. Tout le monde parlait, gesticulait à la fois. Les visages étaient animés et surtout fort enluminés; le chevalier d'Érigny seul me parut alors aussi parfaitement calme qu'il avait l'habitude de l'être. Dès qu'il nous aperçut il vint à nous et répondit à nos questions : que le major de Louville ayant faussement avancé, en montrant le portrait d'une jeune personne bien née, que de toutes ses maîtresses c'était celle dont il avait eu le plus de peine à se débarrasser, et qu'il ne serait pas surpris qu'elle vînt le relancer, même dans le camp; tant elle était folle de lui.

« Je n'ai pu retenir mon indignation, ajouta le chevalier, en entendant prononcer le nom d'Aglaé... — Aglaé ! comment ! il se pourrait ? m'écriai-je. — Oui, mon cher Gustave, cette intéressante, cette vertueuse Aglaé, dont vous veniez de m'entretenir, était précisément l'objet des calomnies du major.

» Ce portrait, poursuivit le chevalier, en me montrant une miniature parfaite de ressemblance, ce portrait, j'ai refusé de le rendre en disant au marquis que je ne voulais plus qu'il servît de texte à ses odieux mensonges, et qu'il ne l'aurait qu'après m'avoir arraché la vie. La vérité toute entière s'est fait entendre par ma voix. De Louville m'a traité d'imposteur, l'épithète de lâche est sortie de ma bouche, une provocation a suivi ces paroles ; nous nous battons demain. Vous serez mon second, Gustave ! — J'accepte, » répondis-je en lui tendant la main qu'il serra affectueusement. Le comte de Gisors aussi lui présenta la sienne ; d'Erigny fut touché de cette marque d'estime et d'intérêt.

« Si le sort des armes me favorise, reprend le chevalier, je vous remettrai ce portrait : vous seul, Gustave, avez le droit d'en disposer en faveur des parens d'Aglaé ; si de Louville est vainqueur, j'exige, mon ami, que vous ne le lui rendiez jamais. »

Je promis au chevalier d'accomplir sa volonté.

La soirée était avancée, cette scène tumultueuse la termina. Les convives prirent congé du comte de Gisors en lui témoignant un regret qu'il partageait lui-même sincèrement, celui de voir troubler, par une fâcheuse affaire, une fête dont la gaîté, l'urbanité françaises devaient faire tous les frais.

J'engageai le chevalier d'Erigny à passer la nuit avec moi ; il ne le voulut pas ; nous nous séparâmes. Je rentrai triste, préoccupé ;

de sinistres pressentimens semblaient m'annoncer que j'allais être privé d'un ami, d'un guide qui m'était bien cher... Je me reprochais de lui avoir parlé d'Aglaé... Cette confidence qu'une circonstance imprévue m'avait amené à lui faire pouvait lui coûter la vie... J'aurais voulu me battre à sa place; cela était impossible, mais je jurai, si je le perdais, de venger sa mort.

Mon agitation fut telle, que je ne pus fermer l'œil. Dès le point du jour le chevalier entra dans ma tente; je ne l'attendais pas si tôt, mais la veille, en me quittant, il avait écrit à M. de Louville que pour éviter la rencontre des amis officieux, des curieux qui se disposaient sans doute à nous devancer ou à suivre nos pas, il assignait un autre rendez-vous, d'un côté tout-à-fait opposé et à quatre heures du matin, le premier avait été pour neuf.

Le marquis ayant répondu qu'il acceptait je m'habillai à la hâte; nous partîmes à cheval, accompagnés de mon fidèle François Ricard. Quand nous arrivâmes à l'endroit désigné, de Louville et le vicomte de Saint-Edme, son témoin, y étaient déjà.

Nous mîmes pied à terre; Ricard, à quelque distance du lieu du combat, veilla sur nos chevaux.

« M. le marquis, dit en s'approchant le chevalier, je vous demande pardon de vous avoir fait attendre, mais M. de Lénoncourt n'était pas prévenu du changement d'heure et.... —
— C'est bien, M. le chevalier, répond de Louville avec un air d'arrogance, nous allons réparer le temps perdu. En garde, Monsieur, j'ai hâte de punir l'outrage que j'ai reçu de vous et de vous contraindre à une restitution... »

A ces mots d'Erigny jette sur moi un regard que je comprends. Ce regard me rappelle une promesse sacrée, et celui qu'attend de moi le chevalier lui donne l'assurance que je saurai la remplir.

De Louville et d'Érigny, débarrassés de leur habit, mettent l'épée à la main. Tous deux s'attaquent, se défendent pendant quelques minutes avec une ardeur égale, avec une égale habileté, trois fois le fer du chevalier ensanglante la poitrine de son adversaire, trois fois celui du marquis effleure le sein de d'Érigny, mais de Louville ayant fait une fausse parade, le chevalier pousse un coup droit avec une extrême dextérité, sa lame pénètre profondément, le marquis chancelle, tombe en s'écriant : Je meurs !.... Nous voulons lui prodiguer de prompts secours, le malheureux atteint au cœur avait déjà cessé d'exister.

En acquérant la triste certitude qu'on ne peut le rappeler à la vie, le chevalier maudit son funeste triomphe et je ne puis me défendre d'un sentiment qui est plus que de la pitié. Nous étions impatiens l'un et l'autre de nous arracher à ce sanglant spectacle. J'ordonne à François Ricard d'aider le domestique du marquis à transporter le corps de son maître. Le vicomte de Saint-Edme ne veut point abandonner les restes de son ami, d'Érigny et moi nous quittons le lieu du combat, pour nous rendre près du comte de Gisors.

Dès qu'il connaît l'issue de cette malheureuse affaire, Gisors rassure le chevalier sur les suites qu'elle pourrait avoir. La famille du marquis est puissante, mais la faveur, le crédit du maréchal de Belle-Isle, que son fils en instruit sur-le-champ, le soin que prend le comte d'avertir lui-même de ce duel, le prince de Clermont auquel il communique la lettre qu'il adresse au ministre de la guerre, dissipent nos inquiétudes, sans diminuer les regrets que, malgré ses torts, nous cause la mort de de Louville.

« — Mon cher Gustave, me dit gravement le chevalier, en me présentant la miniature dont le marquis exigeait la restitution, je dépose entre vos mains le portrait d'une personne que vous avez rendue à sa famille. — Major, répliquai-je, il vous appartient plus qu'à moi, ce que vous avez fait pour Aglaé... — Vous l'eussiez fait aussi, colonel!... — Mon ami, je dois vous laisser le plaisir de l'offrir vous-même à celle dont vous avez si dignement vengé l'outrage. — Vous me connaissez assez, M. de Lénoncourt, pour avoir la certitude que jamais une semblable démarche... — Conservez-le du moins. — Pourquoi donc insister? — Il est plus convenable qu'un célibataire, un homme dont la sévérité des mœurs, le caractère ferme, irréprochable sont généralement connus, soit dépositaire d'une peinture si séduisante. Qui sait si en la voyant chaque jour, je pourrais garantir mon cœur si inflammable... — Que dites-vous, Gustave, et votre femme ? — Major, il est de la dernière imprudence d'approcher le feu d'un baril de poudre. Gardez ce portrait, nous irons ensemble le remettre aux parens d'Aglaé. — Vous le voulez donc absolument? — Absolument ! — Je cède malgré moi à cette singulière fantaisie. »

A son retour au camp, le vicomte de Saint-Edme annonce que le marquis de Louville a demandé que son corps fût envoyé à sa famille. Après avoir fait les dispositions nécessaires pour satisfaire au dernier vœu de son ami, le vicomte obtient qu'une escorte conduira à Versailles sa dépouille mortelle. Douze carabiniers sont chargés de remplir ce triste devoir.

Le lendemain, dès le point du jour, avertis que le prince Ferdinand se disposait à venir nous attaquer, nous reçûmes l'ordre de marcher à sa rencontre.

« — Je crains, me dit le chevalier d'Erigny, que cette campagne ne soit suivie de calamités innombrables. »

» — Douteriez-vous, lui répondis-je, de la bravoure française ?

» — Il faudrait que je fusse fou pour concevoir un pareil doute : la bravoure française est inaltérable, inattaquable. Il s'agit du comte de Mortagne, l'un des quatre lieutenans-généraux que la cour a donnés pour conseil au comte de Clermont.

» — Mais, toute l'armée a la plus grande confiance dans la force de son caractère et de ses conceptions, dans son courage et ses talens.

» — Il n'en est que plus dangereux ! Cet homme profond, souple et pervers, s'est emparé de l'esprit et des volontés du comte de Clermont...

» — Le jugeriez-vous capable d'employer à nuire cet ascendant du génie sur la médiocrité.

» — Je ne crois pas me tromper en pensant que j'ai surpris son secret.

» — Quel est-il ? grand Dieu !

» — Le voici : Les flatteries par lesquelles le comte de Mortagne caresse et entretient l'indolence naturelle du comte de Clermont;

les nuances de ses discours, gradués selon les personnes auxquelles il les adresse; l'expression de sa figure, appropriée aux différentes opinions, aux différens caractères; un mouvement de lèvres sardonique, imperceptible pour le plus grand nombre; et des yeux qui savent toujours se soustraire à l'examen quand on cherche à y lire; quoique d'ailleurs le comte ait en partage un grand fonds d'assurance; enfin, certains mots qui lui sont échappés, sont pour moi des indices presque certains... Gustave, le comte de Mortagne couve dans sa tête un dessein perfide.

» — Quoi ! un officier-général si estimé !...

» — Je connais de longue-main cet homme pervers : l'exécution d'un crime ne lui coûtera pas la plus petite hésitation, si ce crime détruit ce qui lui fait obstacle.

» — Ce que vous dites est bien fort !

» — Je ne serais pas loin d'affirmer qu'il a conçu le noir projet de sacrifier ses collègues, le comte de Clermont et l'armée.

— Quel motif le pousserait à commettre un forfait si atroce ?

» — Le désir ambitieux d'arriver au com-

mandement en chef. Il n'y a dans l'armée
que trois lieutenans généraux plus anciens que
lui, le marquis de Villemur, le marquis de
Contades et le duc de Randan. Il va leur
tendre des piéges pour les engager dans de
fausses manœuvres dont le but sera de les
perdre, ainsi que le prince, et il lui importe
fort peu s'il compromet en même temps la
gloire et l'existence de l'armée.

» — Vous m'effrayez !...

» — Je desire, dans toute la sincérité de
mon cœur, que ma prédiction ne se réalise
pas. Heureusement le comte de Saint-Germain est avec nous : il sauva la partie de l'armée dont il avait le commandement à Rosback, et la ramena tranquillement en mettant l'ennemi dans l'impossibilité de l'inquiéter. Ce grand homme peut empêcher bien des
fautes, réparer bien des échecs; mais, sera-t-
il à l'abri des atteintes d'une sourde perfidie ?...
Dans tous les cas, Gustave, efforçons-nous
d'être des modèles de courage et de dévouement; maintenons sévèrement la discipline;
que les ordres qui nous seront donnés soient
exécutés avec zèle, exactitude et précision;

enfin quelque chose qui arrive, conservons devant l'ennemi un esprit calme, une raison saine que rien ne trouble, notre courage en sera plus sûr, plus utile, et s'il faut mourir que ce soit glorieusement.

Après cette conversation, tout ce que fit le comte de Mortagne excita mon attention et me plaça au milieu d'un vaste champ de conjectures. Je rapprochais, dans ma pensée, chacune des démarches de cet officier général, de ce que m'avait dit le chevalier, et je me demandais si elle était une conséquence du plan de trahison qu'il lui attribuait. J'eus très-souvent lieu de me faire cette question, car, ce fut le comte de Mortagne qui, seul, arrangea la campagne, et le comte de Clermont approuvait aveuglément tout ce que décidait ce dangereux conseiller.

Notre armée était rangée le long du Weser, et l'on avait placé des postes sur les bords de cette rivière, sur ceux de l'Aller et de la Lehne. Nous étions au commencement de juin 1758. Le soldat consterné des mauvais succès de Gifforn et de Lünebourg, où le maréchal de Richelieu avait été repoussé, ne trouvait, ni dans l'intelligence, ni dans les vertus de ses chefs, aucun motif d'espérer un meilleur sort.

Au moment de nous mettre en marche pour aller à la rencontre du prince Ferdinand, le comte de Gisors vient me trouver.

— « Cher Gustave, me dit-il, nous avons eu le bonheur de nous faire aimer, toi de tes dragons, moi de mes carabiniers; les uns et les autres se feront hacher par morceaux jusqu'au dernier pour nous suivre. Je connais ton âme, une sympathie vertueuse l'a identifiée avec la mienne : sans en être convenus entre nous, je ferai ce que tu feras, et tu feras ce que je ferai. Nous avons donc résolu d'aller toujours en avant et de charger toujours l'ennemi, nous vaincrons ou nous périrons ensemble. Tes dragons soutiendront mes carabiniers et mes carabiniers soutiendront tes dragons. Peut-être notre mutuelle résolution sera-t-elle communicative. Dussions-nous succomber, nous goûterons en mourant la plus pure des félicités si nous contribuons à réparer les malheurs que Richelieu, Soubise et d'autres ont accumulés sur la plus brave des nations, si nous réussissons à procurer à notre pays, à notre monarque bien-aimé un glorieux triomphe.

— » Oui, m'écriai-je, celui que Gisors nomme son ami sera digne de ce noble titre ! Oui, je mets en commun avec toi le bonheur, les revers et la gloire, c'est contracter le devoir de m'élever au-dessus de moi-même. »

Et je le presse dans mes bras. Mais, quelle subite inspiration anime sa figure expressive ? Il détache son glaive.

— « Faisons un échange, reprend-il. Si l'un de nous deux éprouvait un instant de faiblesse devant ceux qu'il doit combattre vaillamment, qu'il jette un regard sur le fer qu'il tient de son ami, sa force et sa dignité reprendront leur éclat. »

L'échange proposé est fait aussitôt.

— « Bien, bien, jeunes gens ! voilà un mouvement tout français, digne de Bayard ! Je le vois, vous vous conduirez comme le chevalier sans peur et sans reproche. Je vous le dis et je m'y connais, je suis physionomiste ! »

C'était la voix de M. de Bélancour; en arrivant avec le chevalier d'Erigny, il s'était arrêté et nous avait entendus.

— « Pourquoi faut-il, dit avec amertume le chevalier, que le comte de Gisors et Gustave de Lénoncourt soient presque les seuls officiers de l'armée, enflammés de cette chaleur patriotique dont nous venons de voir un si noble mouvement.

— » Chevalier, vous êtes trop sévère, dit M. de Bélancour. Moi j'espère favorablement de la campagne qui va s'ouvrir. Le prince Ferdinand est un terrible homme, j'en conviens, mais les braves et les gens instruits, capables de lui faire tête, ne nous manquent pas.

— » Je suis loin, très-loin de partager votre confiance, poursuit le chevalier. Dans tous les cas, le lieutenant-général de Bélancour, honoré de toute la confiance du comte de Saint-Germain, rendra, j'en suis assuré, d'éminens services, et vous, jeunes amis, vous n'oublierez pas que vous venez de contracter l'engagement d'être des héros. »

Après cette scène un peu chevaleresque, nous nous rendîmes chacun à notre poste. L'abbé Rigobert venait de célébrer le sacrifice de la messe devant mes dragons, et les haranguait pieusement.

— « Le Dieu des chrétiens, leur disait-il, est un Dieu de paix, il veut que les hommes se chérissent et se servent les uns les autres; mais il est aussi le Dieu des armées, c'est-à-dire, le guide, le soutien, le bouclier protecteur de ceux qui affrontent la mort pour la défense du prince et de la patrie. Avec une tendre sollicitude, l'œil de ce Dieu juste et bon suit leurs pas sur les champs de bataille; il considère les braves comme ses enfans de prédilection. Dans l'amour du prochain, dont l'essence est de réunir en lui tous les dévouemens, il aime à placer au premier rang le dévouement pour la patrie, puisqu'il consiste à donner sa vie pour tous les citoyens, pour tous les pères, toutes les mères, tous les enfans. C'est ainsi qu'en se soumettant à la mort pour le salut du genre humain, notre divin rédempteur s'institua *le roi des dévoués*.

» Les belles actions des guerriers sont enregistrées, pour qu'ils en reçoivent la récompense dans le séjour de l'éternelle gloire, de l'intarissable félicité. Guerriers français, quels que soient les revers ou les succès qui vous attendent dans les combats, cette éclatante récompense deviendra votre partage, car je lis dans vos regards, dans votre contenance que vous ferez votre devoir.

» Et moi, simple ministre des autels, s'il m'est interdit de porter, comme vous, la terreur dans les rangs ennemis, je ne m'écarterai point pour cela des vôtres. Dieu m'ordonne de partager tous les dangers auxquels vous serez exposés; vous me verrez donc près de vous, toujours empressé de vous encourager par mes exhortations et par les prières que j'adresserai au ciel, toujours prêt à secourir, à consoler, à bénir ceux que les coups de l'ennemi pourraient atteindre.

» Que vos âmes généreuses entretiennent leur force par la confiance que vous devez au Tout-Puissant, croyez qu'il ne vous abandonnera pas. Je vous déclare en son nom que tous vos péchés vous sont remis. Le zèle, qui vous anime pour le service du roi et de votre pays, vous fait participer, dès ce moment, à la sainte pureté de l'agneau sans tache. »

Il serait difficile de peindre l'effet heureux que produisit, sur tout mon régiment, l'onction touchante avec laquelle le cher prieur débita ce discours sans apprêt. La candeur de son âme bonne, aimante, charitable, attachait, à la conviction qu'il avait des vérités de la religion chrétienne, la douce puissance de parler au cœur et de persuader.

Bientôt il aperçoit le régiment suisse de Castella, posté à peu de distance du mien. Ce régiment était composé de protestans, et son ministre évangélique lui adressait de religieuses paroles. Le bon prieur court à ce ministre et l'embrasse.

« Digne pasteur, lui dit-il, si nous ne sommes pas d'accord sur quelques points de doctrine, nous le sommes du moins sur tout ce qui concerne la morale divine et fondamentale du christianisme; nous reconnaissons également que le sang de Jésus-Christ nous a rachetés. Afin d'obtenir que le ciel protège nos armes, unissons donc nos prières, invoquons ensemble le père céleste des hommes, le monarque suprême des mondes. Le tableau de cet accord de ferveur et de vœux ne peut manquer de plaire à cet être souverainement parfait, qui nous fait une loi si attrayante de l'amour, de la charité et de la tolérance. »

Cet élan inattendu mais communicatif d'une âme qui ne concevait la loi du Christ que dans sa simplicité, dans sa pureté primitives, émeut jusqu'aux larmes le sectateur de la réforme. Il serre à son tour sur son cœur le bon abbé Rigobert, et s'écrie : « Pourquoi tous les papistes ne vous ressemblent-ils pas ! »

Alors nous voyons, avec autant d'admiration que d'attendrissement, le prêtre catholique et le ministre protestant confondre leurs prières.

Tel est l'esprit, le véritable esprit de l'Evangile !

Le cri : Aux armes, aux armes ! retentit de toutes parts ; les bataillons, les escadrons, s'apprêtent à combattre le prince Ferdinand qui s'avance à la tête des alliés.

CHAPITRE XXXII.

L'armée française trahie et livrée. — Impéritie de plusieurs chefs. — Retraite honteuse et funeste. — Belle conduite du comte de Saint-Germain. — Grande victoire remportée sur moi-même au moment de retomber dans mon péché d'habitude.

On a vu que le chevalier d'Erigny soupçonnait fortement le comte de Mortagne de couver un noir projet. Bientôt nous reconnûmes qu'il n'avait prophétisé que trop juste. Afin de perdre plusieurs lieutenans-généraux dont la présence le gênait, et surtout le comte de Clermont dont il était devenu l'oracle, l'astucieux Mortagne fit prendre au prince les déterminations les plus ineptes et ordonner les manœuvres les plus lâches.

Maître de plusieurs places, avec une armée de cent cinquante mille hommes, nous avions tous les moyens de nous maintenir dans le Hanôvre et d'aller au-delà. Mais, des succès auraient trop contrarié le plan que ce comte de Mortagne avait arrangé dans sa tête : à tout prix, il voulait que la chute de ses rivaux le fît passer pour le seul homme capable de rétablir l'éclat de la gloire française.

Comment procède-t-il donc à l'exécution de ce plan abominable ? Il garnit si mal tous les postes qu'ils ne peuvent manquer d'être forcés et enlevés par le prince Ferdinand ! Connaissant l'ignorance et l'incapacité du comte de Morangiés et du marquis de Villemur, il fait nommer le premier commandant de Minden, place considérable du cercle de Westphalie, située sur le Weser, et, en même temps, afin de le pousser à commettre de dangereuses bévues, il s'entend avec le comte du Roure, aide-de-camp de cet officier-général et fort mauvais sujet. Quant au second, il saura le placer aussi de manière à le compromettre gravement.

Il reste à préparer la ruine du marquis de Contades et du comte de Saint-Germain. Mais la bonne conduite de l'un et le mérite généralement reconnu de l'autre lui laissent peu de prise sur eux. Le flegme de M. de Contades le déconcerte, les talens éminens et la vertu sévère de M. de Saint-Germain lui causent une secrète terreur. Au reste, il ne doute pas que les événemens ne lui fournissent, d'un instant à l'autre, l'occasion de prendre dans ses pièges deux hommes qui lui font tant d'ombrage. En attendant, il s'attache artificieusement, et réussit, à les mettre fort mal dans l'esprit du comte de Clermont.

Bientôt, les infernales conceptions de ce génie malfaisant se réalisent. Ses opérations, tantôt timides tantôt désordonnées par calcul, livrent sans défense les postes du Weser, de l'Aller et de la Lehne. Le prince Ferdinand s'en rend maître ; il coupe ensuite notre armée en deux.

A l'aspect d'un revers si subit, le comte de Clermont, dont la tête n'est propre ni à recevoir des disgrâces, ni à réparer celles qui l'atteignent, la perd complètement, et ne trouve d'autres remèdes que ceux de boire et de fuir de Hanôvre.

Cependant, il finit par recouvrer encore assez de prévoyance pour rassembler ses quartiers à Hémelen, dans l'intention de secourir le comte de Morangiés, qui n'a pour garnison, dans la place de Minden, que six bataillons et sept escadrons. Il sent que si M. de Morangiés peut se maintenir dans cette place, elle couvrira la retraite de l'armée. Mais le comte de Mortagne n'a pas de peine à lui faire abandonner cette sage résolution. Le prince s'en rapporte à ses lumières et Minden n'est pas secouru.

Pour mettre ensuite le comble à sa trahison, sous prétexte d'empêcher l'ennemi de passer le Rhin, l'odieux Mortagne place l'incapable marquis de Villemur et l'estimable duc de Randan au poste de Clèves, parce qu'il est bien certain que le bon marquis ne sera pas en état de conserver ce poste, et que le duc, lui étant subordonné et ne pouvant agir que par ses ordres, n'en sera pas moins compromis par les sottises de son chef.

Cependant les alliés se persuadent, durant quelques instants, que la facilité avec laquelle on les a laissés s'avancer cache une ruse de guerre. Cette persuasion jette, dans leurs rangs, une défiance, une hésitation craintive dont nous pourrions profiter. Ce n'est que timidement et maladroitement qu'ils assiègent d'abord Minden. L'agent du comte de Mortagne, le méprisable du Roure, aperçoit les chances avantageuses que nous présente ce favorable état des choses. Alors, bien digne de son criminel patron, il redouble d'astuce, empêche le comte de Morangiés de voir qu'il peut se défendre, et réussit à lui faire accepter une capitulation si honteuse que, depuis, il fut interdit au malheureux comte de reparaître jamais à l'armée.

Un caporal du régiment de Lyonnais, nommé *la Jeunesse*, indigné de cette capitulation, rassemble quinze cents de ses camarades, échauffe leur courage, force un poste hanôvrien et rejoint l'armée.

Sous un autre gouvernement, le caporal *la Jeunesse* eût obtenu des épaulettes. Son action, digne des temps héroïques, ne fut pas récompensée.

Le siège de Minden rappelle un fait assez singulier, qui concerne le lieutenant-colonel du régiment où servait le brave caporal dont je viens de parler.

Cet officier-supérieur, nommé Bruslard, avait été pris vingt ans auparavant en Italie.

dans la ville d'Asti, sous les ordres de M. du Montal, qui s'était rendu avec la même ignominie que le comte de Morangiés. Ayant refusé de signer la capitulation on l'avait cassé, puis rétabli avec honneur. Malheureusement il ne fit aucune difficulté pour signer celle de Minden; il en résulta qu'il fut une seconde fois cassé, et cette fois, ce fut avec justice. Lorsque le maréchal de Belle-Isle vit les signatures, il lui échappa ces mots ; *C'est bien dommage que Bruslard ait appris à écrire!*

Une fois maître de Minden, sans pouvoir s'expliquer pourquoi il y a trouvé si peu de résistance, le prince Ferdinand se dispose à poursuivre ses avantages aussi loin qu'ils peuvent aller. Ses manœuvres audacieuses répandent la consternation dans une armée dont les principaux chefs sont ou des traîtres, ou des cabaleurs, ou des ignorans. Toujours plus épouvanté, le comte de Clermont abandonne ses malades, son artillerie, ses bagages, ses traîneurs et se sauve derrière le Rhin. Jusqu'à ce fleuve, le prince Ferdinand poursuit les Français en déroute, partout il marque son passage, par la dévastation, le pillage, la destruction et la mort.

De leur côté, dénaturés par les plus douloureuses fatigues, par la faim, la terreur, le désespoir, et surtout par la rage que leur cause l'impéritie de leur général et la certitude des trahisons dont ils sont victimes, les Français ne connaissent plus de frein : ils se livrent à une indiscipline, à des cruautés, à des actes de fureur dépravée qui furent toujours étrangers à leurs mœurs et à leur caractère, et dont le récit fidèle passerait aux yeux de la postérité pour un tissu de mensonges. Mais je le répète, les traîtres avaient si fortement aigri et tant exaspéré l'âme des soldats français, qu'ils n'étaient plus eux-mêmes.

Enfin, dans cette funeste retraite, ou plutôt dans cette honteuse fuite, trente mille des nôtres périrent, sans qu'il eût été donné une seule bataille. Nous en eussions perdu peut-être le double, si, grâce à l'ascendant qu'il s'était acquis sur les soldats, qui le révéraient comme un père, le comte de Saint-Germain n'eût prévenu bien des désastres et des calamités.

On doit comprendre, parmi les trahisons du comte de Mortagne, le soin qu'il avait pris de faire donner à ce grand homme, par le comte de Clermont, le commandement de l'avant-garde de l'armée pendant cette retraite. Son intention, dans le cas où il s'engagerait une affaire, était de l'abandonner et de le mettre ainsi dans l'impossibilité de résister. Mais le comte de Saint-Germain parvint à rallier entièrement, et à faire rentrer ses troupes dans le devoir. Comment n'y aurait-il pas réussi ? On savait que l'amour de la vertu et celui de la patrie le dirigeaient toujours; il examinait tout par ses yeux, ne se reposait de la sûreté des guerriers qui lui obéissaient que sur lui-même, passait des nuits entières à veiller dans des postes périlleux; et, chaque matin, son habitude était de se promener autour de ses grandes gardes. Après qu'il eut, par cette conduite, rétabli le bon ordre dans l'avant-garde, la force de l'exemple, au grand déplaisir du comte de Mortagne, le rétablit aussi dans le reste de l'armée. Alors, en nous arrêtant près de Crévelt, capitale du comté de ce nom, en Westphalie, nous offrîmes encore le spectacle imposant de quatre-vingt mille homme réunis, sur lesquels on avait droit de fonder de grandes espérances, en les dirigeant bien.

J'ose ajouter que, jaloux de concourir de tous nos moyens aux éminens services que rendait à son pays un général si habile et si probe, le comte de Bélancour, le comte de Gisors, le chevalier d'Érigny et moi, méritâmes l'honneur d'être cités par lui, comme tenant le premier rang parmi les officiers les plus dévoués de l'armée.

Je ne doute point que nous n'ayons dû, à une puissance qui venait de plus haut que la force humaine, le triomphe des efforts que nous faisions sans relâche pour arrêter ou diminuer des désordres si déplorables, pour calmer et rappeler à la discipline ces milliers de soldats que l'on semblait avoir pris à tâche d'irriter jusqu'à la frénésie la plus effrayante. Nous eûmes le bonheur, Gisors et moi, de préserver nos deux régimens de la contagion des exemples d'insubordination et d'excès de tous les genres que leur donnaient les autres corps; nous remportâmes sur eux cette vicloire, parce que les braves, dont se formaient ces deux régimens, savaient que nous les aimions, et que notre soin le plus cher était de le leur manifester. Ils m'ont fourni une preuve nouvelle et bien concluante, que le mot *aimer*, profondément senti par le cœur, opère des prodiges.

Dans ces jours d'infortunes immenses, quand les coups les plus terribles de la colère divine semblaient se multiplier sur notre malheureuse armée, un homme dénué de tous les prestiges des rangs, des dignités et de l'opulence; un homme non-seulement simple et modeste, mais toujours humble, exerçait, au milieu de nos phalanges guerrières, sur les esprits et sur les âmes, une autorité à laquelle prétendraient en vain les personnages qui n'ont pas d'autres titres à faire valoir qu'un bâton de commandement. Cette autorité était celle de la douce piété, accompagnée des vertus qu'elle produit pour le bonheur des humains. On devine que je désigne ici l'abbé Rigobert. Les soldats étaient dans l'admiration du courage de tous les instans qu'il déployait.

Monté sur un cheval, aussi long, aussi maigre, mais en même temps, aussi infatigable que son maître; calme sous des grêles de balles, ne paraissant point s'apercevoir du fracas d'une artillerie foudroyante, il accourait partout où des secours ou des consolations pouvaient être réclamés. Il portait avec lui une collection d'onguens, d'emplâtres et d'élixirs; aidait les chirurgiens à soigner les blessés, et répandait le baume des saintes espérances dans l'âme des mourans.

Cet homme inappréciable fit plus encore, par le caractère touchant et persuasif de vérité, par l'enthousiasme vertueux et l'esprit de Dieu qui régnaient dans ses discours, il parvint à apaiser l'irritation d'un grand nombre de soldats, et amena les plus séditieux à faire un retour salutaire sur eux-mêmes.

Un jour que je venais de sauver un château du pillage et de l'incendie, je découvre, à peu de distance, des soldats, entraînant avec eux une jeune personne éplorée, de quinze à seize ans, dont les vêtemens et l'extérieur gracieux attestent qu'elle appartient à une famille au-dessus du commun. Je frémis à la perspective repoussante des outrages auxquels elle va être exposée. Les pleurs qui ruissèlent de ses beaux yeux, ses supplications naïves et plaintivement douloureuses, auraient attendri tout autre cœur que ceux de ces hommes, qu'une fièvre de licence et les liqueurs spiritueuses dont ils se sont abreuvés outre mesure métamorphosent en espèces de brutes. Je m'élance au milieu d'eux, afin d'arracher de leurs mains l'aimable enfant qu'ils enlèvent. Leur état d'ivresse leur fait oublier qu'ils sont devant un de leurs chefs, ils osent résister ; mais aussi prompt que l'éclair sillonnant les nuages, le petit détachement de mes dragons qui me suit ne leur laisse pas le temps d'agir hostilement, les contraint d'abandonner leur proie et les met en fuite.

Alors, j'apprends de la bouche de celle que nous venons de délivrer, qu'elle se nomme Anna, fille du comte de Louisberg, et me voilà rigoureusement engagé, à l'approche de la nuit, au milieu de quatre-vingt mille amateurs de belles, à me constituer le protecteur et même le gardien d'une jeune demoiselle charmante qui, avec une vivacité pleine de candeur, se livre sans réserve, aux transports de sa reconnaissance et m'appelle son Dieu sauveur.

Mais, où la conduire? Il est si tard! Je ne peux m'éloigner sans me compromettre, et je n'ai à offrir d'autre asile que le mien, c'est-à-dire une maison de paysan qu'on a bien voulu mettre à ma disposition pour me reposer de mes fatigues, et qui avoisine le lieu où mon régiment est campé. Quoique du naturel le plus combustible, ainsi que mes lecteurs le savent très-bien, aucune idée contre la pureté de l'innocence ne se présente à mon esprit; le calme règne dans mes sens, mon cœur seul est ému; mais son émotion n'est que celle du plaisir d'avoir sauvé un objet qui me semble digne de tendres hommages.

Cependant, il faut, ou que cet intéressant objet couche à la belle étoile, ou que je lui donne l'hospitalité. Or, je suis un trop galant chevalier pour souffrir que la première de ces deux alternatives ait lieu. Je me vois donc forcé de me décider pour la seconde. Alors, aussi chastement que le ferait un austère cénobite, j'introduis la belle Anna dans ma cellule guerrière.

Dès que nous sommes enfermés tête-à-tête, l'effusion de sa reconnaissance éclate de nouveau, sans contrainte ; elle exprime ce sentiment, par des larmes qui l'embellissent encore, par des caresses et des paroles si naïves, si touchantes, je dirai plus, si agaçantes, que l'esprit tentateur, qui a si souvent disposé de ma personne à sa volonté, revient me surprendre ; et se fait un jeu d'annihiler la superbe résolution que j'ai prise d'être un modèle de sagesse. Je sens rapidement s'élancer et s'étendre dans mes veines cette flamme ardente des désirs qui m'a dominé tant de fois. Je réponds à des caresses candides par des caresses enivrantes qui en provoquent d'autres et produisent un égarement dont on ne soupçonne pas les conséquences. Anna était d'une ingénuité que jusqu'alors je n'avais pas aperçue chez les jeunes filles, même les plus novices.

Je l'invite à prendre du repos dans mon lit assez étroit, assez dur et qui est le seul existant dans la maison. Elle n'hésite point à se rendre à cette invitation : bientôt débarrassée de ses principaux vêtemens, elle se couche. Ses charmes n'étant plus qu'à demi voilés, ce que je n'avais fait que deviner enchante mes regards et porte un impétueux désordre dans tous mes organes. La soif des voluptés me dévore ; je presse Anna dans mes bras ; mes lèvres errantes sur son sein virginal, le rougissent en le faisant palpiter ; ma bouche avide aspire sur la sienne de longs baisers. Elle ne se défend pas et savoure naïvement le nectar du plaisir. C'est l'innocence qui, sans concevoir l'idée de la séduction, sans défiance et sans crainte, suit l'impulsion de la nature.

Cédant en insensé à ma fougue nerveuse, j'allais renverser les faibles barrières qui restaient encore à franchir et compléter mon crime, quand tout-à-coup je crois entendre au fond de mon cœur, une voix menaçante ; elle soulève contre moi ma conscience. « Tu veux donc, me dit-elle, te couvrir de honte et d'infamie ! Quoi ! tu ne respectes pas même une malheureuse enfant qui s'est fiée à ta générosité, et qui t'a nommé *son Dieu sauveur*. »

À ce reproche intérieur et trop mérité, je m'arrête immobile et saisi d'une sorte d'effroi. Rougissant ensuite de moi-même je m'éloigne de quelques pas.

— « Qu'avez-vous, s'écrie Anna, vivement alarmée ; seriez-vous incommodé ?

— » Non, chère Anna, soyez sans inquiétude. Mais il est tard... Des devoirs sacrés me commandent... Afin d'être en état de les remplir, je dois me reposer. Dormez donc en paix, mon enfant, oui, dormez en paix. Vous êtes à présent sous la garde de l'honneur.

— » Ah ! je suis loin d'en douter, j'éprouve auprès de vous un plaisir que je n'avais jamais senti ; vos manières sont si aimables, votre langage est si entraînant que... »

Je ne la laisse pas achever.

— « Bonne nuit, charmante Anna, lui dis-je en lui baisant la main ! Demain matin, vous serez rendue à votre famille. Vous lui serez rendue aussi pure que vous l'étiez quand vous lui avez été enlevée. »

Alors je me retire dans la pièce voisine, alors aussi, malgré la victoire que je remporte sur le plus impérieux de tous mes penchans, je me dis encore avec un soupir de regret, en la regardant : *Elle est pourtant bien jolie!*

Dès que je fus seul, tombant à genoux, j'offris à l'auteur de toute force et de toute vertu, de sincères actions de grâces. Je le remerciai de la bonté tutélaire dont il venait de me donner une marque si éclatante, en m'empêchant de commettre une indigne lâcheté.

Quoi, dira-t-on, réellement à genoux comme un capucin ? Un colonel de dragons !

Oui, messieurs les esprits forts, à genoux, sans être capucin ! Tout militaire, tout philosophe même que je suis jusqu'à un certain point, je me trouve heureux de porter le titre de chrétien ; je ne rougis pas de m'humilier devant Dieu pour le remercier de m'avoir soutenu dans le péril. Je crains si peu le ridicule à ce sujet, que je suis bien résolu de redoubler d'efforts pour ne jamais changer de conduite.

Je passai la nuit sur un banc. L'image de mon Augustine vint se présenter à mon imagination, dans toute sa fraîcheur et ses grâces. Les yeux mouillés des larmes du repentir, je lui demandais pardon de la demi-infidélité dont je m'étais rendu coupable. Puis, en partie réconcilié avec ma conscience, je dormis jusqu'au lendemain.

Réveillé dès la pointe du jour, je traversai la chambre où Morphée tenait encore, sous le charme paisible de ses pavots, la jolie écolière à laquelle il s'en était peu fallu que je ne donnasse un brevet de licence. Un songe riant paraissait la caresser. Je traversai bien vite la chambre, crainte de nouvelles tentations, et je dépêchai vers ses parens, un détachement de mes dragons, chargé d'une lettre par laquelle je les tranquillisais relativement à leur fille, et les engageais à venir la reprendre sans retard.

Deux heures après ils arrivèrent. Je ne parlerai point des protestations d'une gratitude sans bornes et sans terme, qu'ils me réitérèrent à plusieurs reprises, lorsqu'Anna leur eut appris le service que je lui avais rendu.

Et quand ils s'en retournèrent, la pauvre petite parut aussi affligée de me quitter, que si nous eussions contracté une longue habitude de vivre ensemble. Quant à moi, j'éprouvais un contentement secret, en songeant que j'avais fait un pas encourageant pour arriver au point d'être digne de ma propre estime. Le chevalier d'Ériguy, à qui je racontai en détail mon aventure, partagea mon opinion à cet égard.

Nous en parlions encore, quand une rumeur générale nous avertit que le prince Ferdinand venait de faire avec succès, un trait inouï de témérité.

CHAPITRE XXXIII.

Témérité du prince Ferdinand. — Trahisons sur trahisons. — Atrocités du comte de Mortagne. — Victoire certaine changée en défaite. — Héroïque imprudence du comte de Gisors et de moi. — Mort du comte de Gisors. — Honneurs solennels rendus à ses restes. — Embarras suscités au comte de Saint-Germain. — Retraite qui ressemble à une marche triomphale.

Depuis ses derniers succès, le prince Ferdinand avait eu les moyens de se convaincre qu'il les devait aux mauvaises dispositions que nos généraux avaient ordonnées contre lui; il s'était de même assuré que rien n'était changé à cet égard. S'il n'eût eu cette certitude, aurait-il osé passer le Rhin et s'établir sur la rive droite de ce fleuve, à la tête de vingt-cinq mille hommes seulement. Si le marquis de Villemur, chargé de s'opposer à la réussite de ses projets, eût su lui résister, il eût arrêté à propos l'audacieuse entreprise de ce prince, et des renforts auraient été envoyés pour le contraindre à rebrousser chemin. Mais hélas ! ainsi que le comte de Mortagne l'avait prévu, le pauvre marquis fit toutes les sottises nécessaires pour qu'il ne restât plus aucun doute sur son incapacité. Non-seulement il laissa passer tranquillement l'armée ennemie, enlever tous les postes confiés à sa garde, forcer et surprendre Emmerick et Rées, places très-considérables du duché de Clèves; mais encore il fit la plus misérable des retraites, depuis Clèves jusqu'à l'armée. Cette conduite déshonorante encouragea le prince Ferdinand. Il en résulta, qu'avec ses vingt-cinq mille hommes, il n'hésita point à venir attaquer les quatre-vingt mille que nous avions rassemblés dans la plaine de Crevelt.

Mais, de ce nombre, il ne se présenta pour lui faire tête que la petite avant-garde, dont on sait que le comte de Saint-Germain avait le commandement. Ne doutant pas qu'il ne fût bientôt secondé par le corps de l'armée, le comte de Saint-Germain soutint vigoureusement l'attaque. J'admirais l'air calme et serein, la gaîté, la précision et la clarté qui caractérisaient la manière avec laquelle il donnait ses ordres.

Il fit au comte de Bélancour l'honneur de le charger des manœuvres les plus difficiles et les plus décisives. C'était ordonner au comte de Gisors et à moi, de conduire nos deux régimens au devant des hasards les plus périlleux. Animés par l'intrépidité joyeusement, et même comiquement chevaleresque, de cet excellent Bélancour, nos carabiniers et nos dragons se signalent par une valeur qui tient du merveilleux. L'armée des alliés ne s'attend pas à une si forte résistance, elle redouble d'efforts, mais l'ardeur avec laquelle nous nous précipitons sur elle, finit par déconcerter son courage. La confusion et l'épouvante jetées dans ses rangs la font plier. Bientôt nous la repoussons devant nous, comme un troupeau timide fuyant en désordre dans la campagne. Le prince Ferdinand commence à se repentir de sa témérité, il rallie, autant qu'il lui est possible, ses troupes rebutées et vaincues et fait sonner la retraite.

Le comte de Saint-Germain complètera

sa victoire, il détruira l'armée ennemie ou la forcera de mettre bas les armes et de se rendre prisonnière, si l'on se hâte de lui envoyer des troupes fraîches et des munitions ainsi qu'on le doit. Il fait demander au comte de Clermont ce secours indispensable. C'est ici que se manifeste, dans toute sa noirceur, l'infernal génie du comte de Mortagne.

— «Tout est perdu, dit-il au prince, tout est perdu, si vous vous dégarnissez d'une partie de vos forces, ce serait envoyer des soldats à la boucherie, et compromettre votre existence et celle de l'armée. L'esprit systématique de M. de Saint-Germain l'égare, votre altesse doit donc refuser de lui envoyer le renfort de troupes et les munitions dont il prétend avoir besoin.»

Trompé par ce discours perfide, l'aveugle comte de Clermont, que rien ne peut éclairer sur les machinations artificieuses de cet homme atroce, juge, sans autre examen, qu'il doit suivre avec docilité le conseil qu'il vient de lui donner. Sa réponse, au message du comte de Saint-Germain, est donc un refus net et positif de mettre à sa disposition les troupes, avec lesquelles cet habile général rétablirait la gloire de nos armes.

Mais priver d'une victoire certaine un grand homme dont le mérite le gêne, n'est pas encore assez pour le comte de Mortagne; il ne sera satisfait qu'après avoir amené le comte de Clermont à se déshonorer à tout jamais.

Le monstre accomplit cette dernière partie de son plan, en assiégeant de terreurs l'imagination du crédule prince, et en lui persuadant qu'on ne peut éviter la perte générale des troupes françaises que par une prompte retraite. A ces mots, son altesse perd encore plus la tête que lors de sa retraite de Hanôvre: saisie d'effroi, elle fuit à toutes jambes vers Neuss (1), ordonne à son armée de l'y suivre et y arrive bien avant elle.

En apprenant ces nouvelles désespérantes, chacun prévoit la honteuse flétrissure que la plus inouïe des trahisons attachera au nom français, plus encore que les revers qui en seront la suite; une morne stupeur succède à

---

(1) Neuss ou Nuys, ville ancienne et forte de l'électorat de Cologne, sur la rivière d'Erff, à une demi-lieue du Rhin, et à deux lieues S. O. de Dusseldorf.

l'enthousiasme belliqueux qui, malgré notre petit nombre, nous faisait tout oser pour vaincre. Le prince Ferdinand commençait à opérer sa retraite. Avec le renfort demandé, nous la lui couperions infailliblement, et il deviendrait notre prisonnier. Lui-même pense qu'il faudrait un miracle pour lui faire éviter ce terrible résultat de sa témérité; il accélère, avec une précipitation qui tient de la fureur, la marche rétrograde de son armée. Tout à-coup, il s'aperçoit que notre activité se ralentit, que nos troupes ne poursuivent plus les siennes, avec la même ardeur, l'épée dans les reins. Ses espions viennent ensuite lui rapporter, et le refus du renfort qu'on nous devait, et la fuite du comte de Clermont. Ces faits lui paraissent d'abord si dénués de toute vraisemblance qu'il ne peut y croire; il rejette loin de lui l'idée qu'il ait pu se trouver des généraux, assez étrangers aux lois de l'honneur, assez rebelles à la voix de la patrie et de l'humanité, assez scélérats ou assez ineptes, pour renoncer à un triomphe assuré, livrer à la destruction les braves phalanges qu'ils commandent, se couvrir d'une indélébile ignominie et se vouer à l'exécration publique. Cependant, bientôt le doute ne lui est plus permis, tout lui confirme l'exactitude des rapports qui lui ont été faits. Guerrier généreux, prince plus illustre que le haut rang dans lequel il est né, il rougit de ne pouvoir se glorifier d'avoir eu pour adversaire, un généralissime, un prince digne de le combattre; mais il se hâte de profiter des avantages que ce malheureux prince lui abandonne, et les fugitifs redeviennent assaillans.

Combien est alors pénible pour l'âme élevée du comte de Saint-Germain, la situation où l'on n'a pas craint de le réduire. L'espoir de toute espèce de chance favorable lui est ravi, il en est d'abord dans un étonnement extrême, mais ce premier moment passé, il surmonte toute faiblesse et toute crainte, et se résigne, avec une stoïque fermeté, à prendre le seul parti qu'on ait laissé au pouvoir d'un magnanime courage gouverné par la sagesse; ce parti, c'est de se retirer en bon ordre, en colonnes serrées et toujours en combattant.

Moins prévoyans que lui, Gisors et moi, nous nous laissons emporter par l'exaltation bouillante dont l'honneur français compromis ébranle impétueusement nos organes; tous deux versant des pleurs de rage, n'écoutant plus la voix de notre chef : « En avant, nous écrions-nous, en avant, braves carabiniers, braves dragons ! Si notre destinée veut que nous périssions, que notre mort soit glorieuse ! Souvenons-nous que nous sommes Français ! »

A ce cri du patriotisme indigné, nos carabiniers et nos dragons répondent en s'élançant avec nous comme des lions rugissans, et d'autres guerriers les suivent. Jamais charge ne fut plus inattendue et plus meurtrière ; vainement l'ennemi nous oppose une résistance intrépide, nous enfonçons presque toutes ses lignes et faisons un carnage épouvantable.

Mais, ô douleur ! ô regrets éternels, pour le malheureux Gustave ! son ami, l'héroïque Gisors est atteint d'un coup mortel ! J'ai voulu me précipiter au-devant, pour en garantir cet ami si cher ou pour le recevoir à sa place; mais hélas, il m'a été impossible d'exécuter ce dessein ; j'étais moi-même assailli par une vingtaine de soldats qui m'auraient abattu sous le tranchant de leur sabre, si en faisant mordre la poussière à plusieurs d'entre eux, le chevalier d'Érigny qui veillait toujours sur moi, mon fidèle François Ricard et trois de mes dragons, n'avaient réussi à m'arracher de leurs mains.

Mon sang coulait de deux blessures ; mais elles étaient peu dangereuses, et je ne songeais qu'à mon ami. Pour nous préserver et nous défendre, ses carabiniers et mes dragons se rangent en bataillon carré, dont nous formons le centre. Un chirurgien sonde la plaie de Gisors. *Point d'espoir !* me dit-il bientôt après. Point d'espoir ! ce mot fatal glace tous mes sens.

L'abbé Rigobert, qui nous a constamment suivis dans la mêlée, prie en sanglottant. Le mourant rouvre les yeux ; à ma vue un rayon de joie brille sur son visage. Après quelques mots touchans que l'amitié faisait émaner de son cœur, « Je te charge, me dit-il, de mes adieux à mon père ; tu lui diras que j'ai fait tout ce qui était en mon pouvoir pour que ma mémoire lui fût chère.... Tu lui diras également avec quelle indignité nous avons été trahis. »

Pendant que cette scène attendrissante se passait dans notre bataillon carré, les braves qui le formaient, et dont l'irritation était au comble, portaient des coups terribles aux ennemis qui s'efforçaient en vain de désunir la masse compacte qu'ils présentaient. Si l'un d'entre eux tombait, le rang dans lequel il était placé se resserrait aussitôt et opposait toujours le rempart le plus menaçant.

Cependant enfin, épuisés de fatigues et de besoin, entourés par toute l'armée ennemie, l'impérieuse nécessité les condamne à périr tous ou à se rendre. Le prince Ferdinand leur fait proposer le dernier de ces deux partis. *Non!* tel est leur cri général, *non! les carabiniers et les dragons français meurent et ne se rendent pas!* (1)

Dans l'admiration de cette sublime réponse, le prince Ferdinand reconnaît que si l'on pousse jusqu'à la dernière extrémité des hommes si déterminés, ils lui feront perdre beaucoup de monde; il voit d'ailleurs s'avan-

---

(1) Telle fut aussi la réponse de la vieille garde à Waterloo. Les soldats français sont les mêmes dans tous les temps.

cer différens corps envoyés par le comte de Saint-Germain, et craint que mieux conseillé, le comte de Clermont ne cherche à réparer l'énorme faute que le perfide Mortagne lui a fait commettre. Il affecte donc de se piquer de générosité, ordonne de suspendre les hostilités, charge le prince héréditaire d'avoir une entrevue avec moi, et cette entrevue a lieu.

— « Monsieur le marquis de Lénoncourt, me dit le prince, nous nous reprocherions d'user de tous les avantages de notre position contre une troupe aussi vaillante que la vôtre. Vous avez la certitude qu'elle ne peut résister plus long-temps; prévenons donc une effusion inutile de sang : en considération de la douleur que cause à tous les admirateurs des vertus et des talens, le malheur du comte de Gisors, malheur qui m'afflige profondément moi-même, je vais ordonner, si vous y consentez, que le chemin vous soit ouvert ; alors vous vous retirerez avec tous les honneurs que méritent des militaires qui vaincraient le monde entier, si l'on pouvait en rassembler cent mille aussi dévoués qu'ils le sont. Une suspension d'armes de vingt-quatre heures sera de plus accordée, afin que vous puissiez enlever commodément les blessés et rendre les derniers devoirs à votre noble ami. Acceptez-vous, monsieur le marquis de Lénoncourt ?

— »Oui, mon prince, et je n'oublierai jamais les généreux sentimens qui ont dicté la proposition que votre altesse vient de me faire.

— »En ce cas, la suspension commence... Maintenant, Monsieur, permettez-moi de m'assurer, par mes propres yeux, si l'état de votre ami est aussi désespéré qu'on le pense... Il me sera doux aussi de partager avec vous les soins que vous lui prodiguerez.»

Vivement touché de cette demande que dictait la plus belle âme, je m'empresse de conduire le prince près du blessé. En le voyant s'approcher, Gisors semble renaître ; il lui tend les bras ; Brunswick le presse sur son cœur avec une sensibilité héroïque, et ces marques honorables d'intérêt redonnent au mourant la force de s'exprimer d'une voix plus ferme.

— « Que mes derniers momens sont dignes d'envie ! dit-il. Ils sont illustrés, embellis par la présence du prince généreux, du grand homme que j'avais résolu de prendre toujours pour modèle !... Ma main est dans celle de mon fidèle frère d'armes, de mon meilleur ami !... Enfin, en jouissant de ce bonheur, j'y réunis la gloire de mourir pour mon roi et pour la France ! »

Le prince héréditaire et moi le soutenions dans nos bras ; mais l'effet de l'espèce de commotion électrique, par laquelle il a paru se ranimer, cesse bientôt : il s'affaiblit de nouveau, pâlit et offre l'image d'une lampe qui va s'éteindre.

Alors, tournant ses regards vers l'abbé Rigobert : « Respectable prieur, permettez que je dépose dans votre sein l'assurance que je meurs fidèle à la religion de mes pères.

— » Jeune et vertueux guerrier, répond le prieur, soyez en paix ! Si Dieu vous retire à lui, c'est qu'il veut vous faire jouir des récompenses que votre dévouement vous a méritées. En son nom sacré, je vous l'annonce, et je vous bénis. »

A peine ces saintes paroles, ces paroles de consolation sont-elles prononcées, que l'âme de mon ami s'envole dans les cieux; il ne reste du jeune héros, l'espoir du royaume, qui eût fait l'admiration de son siècle, s'il eût vécu plus long-temps, qu'une enveloppe inanimée !

Ainsi que moi, le prince héréditaire de Brunswick baigne de larmes les restes précieux de mon ami. Dans ce jeune guerrier si valeureux, si instruit, si aimable, ce prince pleurait, suivant l'expression de Voltaire, *celui des Français auquel il ressemblait davantage.*

La suspension d'armes venait d'être proclamée. Aussitôt les Français et les alliés se confondent et trinquent ensemble; on dirait qu'ils ont toujours combattu sous les mêmes étendards. Tel est le caractère des véritables guerriers : ennemis les armes à la main, amis quand ils sont désarmés. Tous, entraînés par le même enthousiasme d'admiration, luttent franchement à qui rendra le plus d'honneurs à la dépouille mortelle du comte de Gisors. Des drapeaux sont arrangés en forme de lit. Le corps du jeune héros est placé sur cette couche glorieuse et couvert de branches de lauriers. De concert avec nos officiers, des officiers supérieurs des alliés accompagnent cette pompe guerrière, et suivis de leurs soldats, marchent les armes baissées. En même temps, des salves d'artillerie et de mousqueterie font retentir les airs. Ainsi le noble et pieux cortége arrive à nos avant-postes. Là, au moment de se séparer, les guerriers des deux partis s'embrassent avec une cordialité toute militaire; ils ne songent point hélas! que le lendemain, leur devoir leur prescrira de chercher les moyens de s'égorger les uns les autres.

Le prince héréditaire m'embrasse également, puis me serrant la main : — « Je vous prie, dit-il, d'annoncer à M. le comte de Saint-Germain, que mon oncle et moi, reconnaissons en lui une respectable victime des plus lâches perfidies. Donnez-lui l'assurance de notre part que les revers qui en sont la suite, et dont les lois de la guerre nous ont prescrit de profiter, ne diminuent et ne diminueront jamais en rien l'éminente estime que nous devons, ainsi que toute l'Europe, à ses talens, à ses vertus. »

Le comte de Saint-Germain me fit sentir toute l'étendue de l'imprudence que nous avions commise, en ne contenant pas dans de sages limites les élans de notre valeur, et en nous exposant à être accablés par toutes les forces réunies de l'ennemi. Mais, par compensation, il fit l'éloge de l'intrépidité avec laquelle nous avions donné aux suites périlleuses de cette imprudence, l'apparence éclatante d'une victoire.

Mon premier soin fut de faire embaumer le corps de mon malheureux ami, et d'ordonner qu'il fût conduit solennellement au duc de Belle-Isle, son père. Sur le cercueil j'écrivis les vers suivans, que mes tristes regrets m'avaient inspirés. Quoiqu'ils n'aient d'autre mérite que celui d'exprimer la vérité, on les publia dans plusieurs recueils, sous le voile de l'anonyme.

Cultiver tous les arts, protéger le génie;
Joindre au goût le savoir, et les grâces aux mœurs;
Combattre pour son roi, mourir pour sa patrie,
Regretté des vaincus, admiré des vainqueurs,

Et même en succombant, digne de la victoire ;
Ce fut là de Gisors et l'étude et la gloire.

Le lendemain les hostilités recommencèrent. Le comte de Saint-Germain fit sa retraite avec l'attitude d'un vainqueur ; il maintint dans nos rangs un ordre admirable et battit souvent les alliés qui s'obstinaient à le suivre ; malgré la supériorité de leurs forces, et quoiqu'il manquât de munitions, ils ne purent jamais interrompre sa marche imposante, ni l'entamer. Enfin, après les avoir beaucoup fatigués, après avoir même considérablement éclairci leurs phalanges, tandis qu'il ne faisait que des pertes légères, il rejoignit le corps de l'armée à Neuss.

On peut donc, malgré l'événement, affirmer, comme un fait incontestable, que le comte de Saint-Germain gagna la bataille de Crevelt, et que le comte de Clermont la perdit.

Je ne dois pas omettre ici un trait par lequel, après cette bataille, le comte de Lauraguais donna une preuve nouvelle de l'extrême originalité qui le distinguait. Il avait chargé trois fois l'ennemi à la tête du régiment qu'il commandait, et s'était signalé par une intrépidité aussi froide que brillante. Après le combat, il rassemble ses officiers et leur distribue de justes éloges. — « A votre » tour, messieurs, leur dit-il ensuite, dites-» moi franchement si vous êtes satisfaits de » ma conduite? » Une acclamation affirmative et unanime est la réponse de ces messieurs. — « Je suis bien aise, répond le comte, que » vous soyez content de votre colonel; mais » moi, je ne le suis nullement du métier que » nous faisons, et je le quitte. » En effet, peu de jours après, il donna sa démission, revint à Paris, et composa les vers suivans où il se peint lui-même, en se moquant un peu du duc de La Vallière, qui n'avait jamais fait autre chose que sa cour.

J'ai vu périr Gisors et perdre une victoire,
Où j'ai manqué cent fois de périr à mon tour;
Mon sang sur mes lauriers coulait à mon retour;
Ce qui m'en dégoûta plus qu'on ne saurait croire.
  Qu'on en jase tant qu'on voudra :
Apollon peut rayer mon nom de son grimoire;
  Et les neuf filles de mémoire,
Ami, n'en valent pas une de l'Opéra.
Je ne veux que chasser, rire, chanter et boire,

Ainsi, que La Vallière, en cet heureux séjour.
Quand on est riche et duc, et qu'on rampe à la cour,
On a toujours assez de gloire.

Le prince de Clermont, toujours plus effrayé, et décoré du titre burlesque de *général des bénédictions* (1), venait de prendre la poste, pour aller de Neuss à Paris, se délasser de ses fatigues, dans les bras de sa maîtresse, madame de Tourvoi, ci-devant mademoiselle le Duc, avec laquelle il contracta ensuite secrètement un mariage de conscience. Arrivé dans la capitale, et bien certain d'y être en sûreté contre les entreprises du prince Ferdinand, il fut assez dominé par les préventions absurdes qu'on lui avait données pour imputer ses torts à l'armée; mais plus éloquens que les paroles, les faits le démentirent victorieusement.

De son côté le comte de Mortagne crut

---

(1) On sait qu'il possédait l'abbaye de Saint-Germain. Parmi le déluge d'épigrammes inspirées par sa honteuse défaite, je citerai celle-ci :

Moitié plumet, moitié rabat,
Aussi propre à l'un comme à l'autre,
CLERMONT se bat comme un apôtre ;
Il sert son Dieu comme il se bat.

avoir atteint le but auquel tendaient les trames abominables qu'il avait ourdies. Il écrivit à la cour pour accuser le marquis de Villemur, le comte de Morangiés, le duc de Randan, le comte de Saint-Germain et le marquis de Contades. Mais les noirceurs cruelles de cet homme atroce furent si clairement démontrées, qu'au lieu du commandement de l'armée, pour lequel il avait commis tant de crimes et causé tant de désastres, il reçut une lettre d'exil. On eût dû le traiter avec toute la rigueur des lois militaires, et lu faire payer de sa tête le mal qu'il avait fait; mais à cette époque, en France, on se bornait à maltraiter les coupables quand ils étaient placés à une certaine élévation, et l'on ne savait pas les punir.

Quant au comte de Clermont, il passa le reste de sa vie, tantôt dans les plaisirs, tantôt dans la dévotion, et parut complètement guéri de la folie de commander une armée.

CHAPITRE XXXIV.

Regrets, mélancolie, sages réflexions. — Une beauté bien tendre et bien désolée. — Epanchemens de sensibilité qui mènent loin. — Deux coupables sans avoir voulu l'être et sans savoir comment.

L'honneur français compromis par les trahisons les plus atroces, tant de braves poussés dans des pièges, livrés à l'ennemi, et moissonnés sous mes yeux; l'épidémie honteuse de corruption qui s'était répandue parmi les chefs, les jactances impudentes des uns, l'ignorance, l'hypocrisie ou les lâchetés des autres, les rivalités, les jalousies désorganisatrices de la plupart d'entre eux, l'indiscipline des soldats, la détresse effrayante de toute l'armée, les maladies qui en étaient l'inévitable effet; la perte fatale que nous avions faite du comte de Gisors, à laquelle je me reprochais d'avoir contribué, non-seulement en ne m'opposant pas, mais en m'associant aux téméraires élans de sa vaillance; sans doute aussi la fatigue des combats et des marches forcées, l'affaiblissement occasioné par le sang qui avait coulé de mes blessures peu dangereuses, mais dont les regrets douloureux de la mort de mon ami ne m'avaient pas laissé la faculté de m'occuper dans les premiers momens : tous ces motifs réunis me jetèrent dans l'abattement et la mélancolie. Aux brillans prestiges de gloire qui naguère éblouissaient mes yeux, à la noble et séduisante perspective que ma jeune imagination avait cru apercevoir dans l'avenir, succédait le désespérant tableau de la réalité des passions les plus dégradantes, des crimes de l'ambition et de la cupidité, du mérite et de la vertu sacrifiés à l'intrigue, et d'un odieux mépris pour l'humanité. Je ne voyais plus que l'inconcevable barbarie avec laquelle certains personnages condamnent froidement à d'horribles massacres, des milliers d'hommes, et se font en quelque sorte, un marche-pied de leurs cadavres entassés pour monter aux vaines dignités qu'ils convoitent; enfin, il me paraissait démontré que l'impunité et presque toujours le succès sont assurés aux êtres dénaturés capables de tant d'infamies.

— « Je ne le vois que trop, me disais-je, souffrir aujourd'hui, souffrir demain, souffrir tous les jours, soit au physique, soit au moral, telle est la première condition de l'existence humaine! Et cependant les hommes attachent un prix infini à la conservation de cette existence, comme si elle était le plus grand des biens. Aveugles qu'ils sont! peuvent-ils ne pas reconnaître qu'ils la sentent, plutôt par les innombrables peines auxquelles elle est en proie, que par les rapides instans de jouissances imparfaites qui leur sont accordés si rarement!

— » Ces réflexions seraient justes, m'objecta le chevalier d'Érigny, s'il nous était interdit de porter nos regards plus haut que la terre; mais nous possédons le glorieux privilège de les élever jusqu'au ciel, comme pour connaître d'avance la véritable patrie qui nous est promise. Sans doute, cette vie qui n'est qu'une introduction à une autre plus belle, si nous savons nous en rendre dignes, ou plus malheureuse, si nous oublions notre sublime destination, cette vie, dis-je, est traversée par des peines sans nombre, l'aspect des méchans blesse nos yeux, notre cœur saigne au spectacle des calamités, sans cesse renaissantes, qui assiègent l'espèce humaine, et ce qui doit le plus nous affecter, aucun d'entre nous n'est exempt d'erreurs. Voilà, j'en conviens, de tristes vérités, mais n'existe-t-il pas, pour les âmes pures, d'heureuses compensations? La nature étalant ses merveilles, plaçant et entretenant en nous les sentimens de l'amour paternel et filial, de la sollicitude maternelle, de la tendresse conjugale, et nous révélant ainsi les bienfaits du créateur; l'amitié, si féconde en douces jouissances; le plaisir d'être utile à nos semblables; la pitié qui soulage leurs maux, et fait entrer le baume des consolations dans les cœurs aigris ou tourmentés par des tribulations funestes; l'indulgente bonté qui pardonne les offenses; le zèle charitable qui s'efforce de ramener, dans le droit chemin, la brebis égarée; ces mouvemens généreux qui nous portent à exposer notre vie pour sauver celle de l'infortuné qui se noie, et pour enlever, du milieu des flammes d'un incendie ; l'enfant, la femme ou le vieillard prêts à périr, le dévouement qui affronte, avec un enthousiasme plein de charmes, tous les périls pour défendre la patrie ; enfin, le souvenir du bien qu'on a fait, la paix d'une conscience à l'abri de toute espèce de reproches devant Dieu et devant les hommes. Ah ! Gustave, ces jouissances auxquelles peuvent aspirer le faible comme le fort, le pauvre comme le riche, le dernier des humains comme le potentat, nous permettent-elles de dire que nous n'existons que pour souffrir ? Mon ami, dans les peines, même les plus rigoureuses, l'auteur divin de tout ce qui est mortel, de tout ce qui est immortel, a placé des consolations, des dédommagemens pour l'homme de bien, mais c'est en lui qu'il faut les chercher, et on les trouve toujours.

— » Chevalier d'Erigny, recevez mes félicitations, dit l'abbé Rigobert tout attendri, votre langage est celui des apôtres. Voilà cette morale sainte que le prophète a fait resplendir dans le plus beau de ses cantiques ! Cette morale sera, jusqu'à la fin des siècles, triomphante sur les esprits, sur les âmes, sur les cœurs : sur les esprits, parce qu'elle les dirige et les éclaire, *illuminans oculos;* sur les âmes, parce qu'elle les perfectionne et les sanctifie, *convertens animas;* sur les cœurs, parce qu'elle les console et les réjouit, *lœtificans corda* (1). Oui, mon cher Gustave, les lumières, la sanctification et les véritables joies, naissent de la seule morale chrétienne; si l'on observe fidèlement les préceptes de cette divine morale, jamais on n'est malheureux. »

Les conseils de ces deux vertueux amis étaient excellens! mais l'état pénible de mon âme s'opposait à ce qu'alors j'en appréciasse tout le mérite, je ne pouvais être qu'à mes regrets, qu'à l'impression d'horreur qu'avaient gravée dans ma mémoire les crimes dont je venais d'être l'un des témoins. Incapable de m'occuper de mon régiment, j'en laissai tout le soin au chevalier d'Erigny, et certes, le service n'en était que mieux dirigé. Je me plaisais à me promener seul, pendant le jour et pen-

---

(1) Psalm. XVIII, 8, 9.

dant la nuit, dans un jardin qui tenait à la maison où l'on m'avait logé à Neuss. Les allées, les parterres, les bosquets pittoresques de ce jardin semblaient en harmonie avec la teinte sombre de mes idées.

Dans ces promenades solitaires, mon Augustine et mon fils étaient les objets de toutes mes pensées. « Ce n'est qu'en les voyant chaque jour à mes côtés, me disais-je, que je pourrai écarter le souvenir déchirant des maux affreux que des monstres ont attirés sur mon pays ! » Alors je formai le dessein de donner ma démission, d'abandonner l'armée, et de me retirer au fond d'une terre, avec la mère et l'enfant. J'étais sur le point d'exécuter cette imprudente résolution, quand j'en fus détourné par la crainte d'affliger mon père, ma mère, M. et madame de Bélancour, d'encourir le mépris du chevalier d'Erigny, de M. de Saint-Germain, du père de mon cher Gisors et de mon roi.

La maison et le jardin appartenaient à une jeune dame de la figure la plus intéressante. Un air de langueur et d'abattement donnait à ses yeux, aux traits de son visage, l'expression d'une tristesse dont le siège était au fond du cœur, et qui la faisait paraître aussi touchante qu'elle était jolie. Cette tristesse provenait de l'absence de son mari, qu'elle aimait à l'adoration. Passé dans les colonies pour affaires de commerce, elle n'en recevait pas de nouvelles, son inquiétude était des plus vives.

La conformité des sentimens et des pensées mélancoliques, dont nous étions exclusivement affectés, forma insensiblement un lien de confiance et d'intimité entre nous. Mon appartement avoisinait le sien, une grande partie du jour nous étions ensemble ; nous nous plaisions tous deux, elle, à me vanter les précieuses qualités, la tendresse de celui qu'elle pleurait et le bonheur dont son union avec lui l'avait fait jouir ; moi, à lui peindre l'amour que je ressentais pour ma chère Augustine, le pénible ennui que j'éprouvais d'être séparé d'elle, et le désir de m'en rapprocher, qui chaque jour devenait plus ardent. Ces mutuels épanchemens produisaient en nous les développemens d'une sensibilité, aussi pure que le ravissement des anges, lorsqu'ils admirent les perfections de l'Éternel. Nous unissions le nom de son époux et celui de ma femme dans un même tribut d'éloges, de regrets et d'amour; des larmes coulaient de nos yeux, et ces larmes n'étaient pas moins sincères, pas moins candides, que celles de la jeune vierge qui reçoit la couronne de roses décernée à la vertu.

Un soir, nos tendres complaintes, nos pleurs, les religieux transports qu'elle faisait éclater en parlant de l'être adoré dont l'absence causait de si vifs regrets, la douce émotion que réveilla en moi le nom seul de ma femme bien aimée, agitèrent si puissamment notre esprit et nos cœurs, agacèrent avec tant de force, l'ensemble de nos organes, qu'il en résulta un désordre, un égarement extrême, dans toutes nos facultés morale et physiques, tranchons le mot, un oubli total de nous-mêmes!... O mon Dieu! qui s'en serait douté?

En un mot, je ne sais comment cela se fit, mais nous trahîmes, sans nous en apercevoir, nos propres sentimens, ces sentimens, qui étaient la vie de nos âmes, et le lendemain matin, nous fûmes tout étonnés de nous réveiller dans les bras l'un de l'autre.

Philosophes du siècle, qui prétendez n'avoir jamais trébuché dans votre marche, saints personnages qui nous damnez sans rémission, oserez-vous affirmer que, dans cette circonstance, nous avons été coupables d'intention ? Rien n'était plus éloigné de ma pensée que le projet de séduire cette intéressante femme; de son côté, une seule idée occupait son esprit et son cœur, c'était l'absence de son mari; l'inquiétude, les alarmes, que lui causait l'ignorance où elle était du sort de cet être si cher, l'accompagnaient partout, à tous les instans du jour et de la nuit; cependant, nous avons failli tous les deux, et ce fut notre fidélité même qui nous précipita dans l'infidélité la mieux conditionnée !...

Que conclure de cet événement bizarre ? Que rien n'est plus hasardeux, pour une femme sensible et honnête, que la confiance et les épanchemens de la nature de ceux que je viens de retracer. La femme dont l'amant ou l'époux, est, ou loin d'elle, ou volage, ou séparé par la pierre glacée d'une tombe, de celle qu'il aimait; la femme, dis-je, qui pleure journellement avec vous l'être dont l'image est encore dans son cœur; quelqu'amour, ou quelques regrets qu'il inspire, finira par devenir votre conquête, si vous le voulez, ou plutôt si vous savez vous conduire avec assez d'adresse pour assurer votre triomphe.

Lorsque cette confiance et ces épanchemens sont réciproques, ainsi que le furent les nôtres, craignez de succomber, comme nous, sans en avoir eu l'intention.

Le seul moyen de vous soustraire au danger, c'est d'éviter, avec une personne d'un sexe différent du vôtre, ces entretiens, dans lesquels la sensibilité, comme un feu subtil, s'étend de l'un à l'autre, et surprenant à l'improviste, votre imagination et vos sens, les élève jusqu'à une exaltation qui vous égare. Surtout ayez toujours présente à l'esprit la certitude, que les principes de la plus pure vertu ne suffisent point pour nous empêcher d'être faibles, si par une défiance prévoyante de nous mêmes, nous ne savons nous garantir d'avance des écarts périlleux qui peuvent résulter de notre faiblesse.

Je ne parlerai pas du désespoir auquel se livra cette tendre colombe, après la faute que nous avions commise de compagnie. Je tairai également les reproches amers que je me prodiguai. Mais, le mal était fait; aucune puissance n'aurait pu empêcher qu'il eût existé; il fallut bien finir par nous consoler, et j'avoue que je réussis assez bien à accoutumer mon aimable partenaire, à être plus économe de ses larmes qu'elle ne l'avait été jusqu'alors.

FIN DU TOME TROISIÈME.

TABLE

DES MATIÈRES CONTENUES DANS LE TOME TROISIÈME.

CHAPITRE XXV.

Célèbre bureau d'esprit. — Madame Dudeffant. — Buffon. — Le président Hénault. — Pont-de-Veyle. — Horace Walpole. 1

CHAPITRE XXVI.

Mademoiselle de l'Espinasse. — Son bureau d'esprit. — Dialogue entre mademoiselle de l'Espinasse, MM. de Malesherbes, d'Alembert, Diderot, Rousseau (J.-J.), Raynal, Duclos, H. Walpole, Helvétius, Marmontel, de Guibert, le baron de Grimm, l'abbé Galiani, le comte de Mora, le chevalier d'Érigny et moi. 28

CHAPITRE XXVII.

Épidémie philosophique à la cour et à la ville. — Ceux qui doivent le plus en redouter les effets l'alimentent avec enthousiasme. 58

CHAPITRE XXVIII.

Me voici en communauté d'amour avec les coryphées des

philosophes. — Soumission plaisante de d'Alembert à la dame de ses pensées. — Frénésie amoureuse de cette beauté philosophe.   89

CHAPITRE XXIX.

Je marche de surprise en surprise. — Je suis père d'un fils. — Grande révolution dans l'état d'Augustine. — Le destin semble vouloir me récompenser de mes fautes. — Le plus grand bonheur m'est promis.   99

CHAPITRE XXX.

Galerie de beaux-esprits. — Crébillon père et fils. — Marivaux. — De Moncrif. — De Saint-Lambert. — Piron. — Lefranc de Pompignan. — Gresset. — Desmahis. — De Boissy. — Colardeau. — Saurin. — Palissot. — Fréron. Dorat. — De Pezay. — Gentil-Bernard. — La Musée limonadière. — Les foires Saint-Germain et Saint-Ovide. — Les Boulevards. — Ramponneau.   126

CHAPITRE XXXI.

Je revois ceux que j'aime. — Mon mariage. — Mon départ. Mon arrivée à l'armée. — Esprit qui en dirige les chefs. — Souper au camp. — Scène tumultueuse. — Le portrait. — Vive querelle. — Provocation. — Duel. — Mort du marquis de Louville. — Harangue du prieur de Saint-Nicolas à mes dragons. — Scène d'amitié chevaleresque entre le comte de Gisors et moi.   169

CHAPITRE XXXII.

L'armée française trahie et livrée. — Impéritie de plusieurs chefs. — Retraite honteuse et funeste. — Belle conduite du comte de Saint-Germain. — Grande victoire remportée sur moi-même au moment de retomber dans mon péché d'habitude. 200

CHAPITRE XXXIII.

Témérité du prince Ferdinand. — Trahisons sur trahisons. — Atrocités du comte de Mortagne. — Victoire certaine changée en défaite. — Héroïque imprudence du comte de Gisors et de moi. — Mort du comte de Gisors. — Honneurs solennels rendus à ses restes. — Embarras suscités au comte de Saint-Germain. — Retraite qui ressemble à une marche triomphale. 219

CHAPITRE XXXIV.

Regrets, mélancolie, sages réflexions. — Une beauté bien tendre et bien désolée. — Epanchemens de sensibilité qui mènent loin. — Deux coupables sans avoir voulu l'être et sans savoir comment. 239

FIN DE LA TABLE DU TOME TROISIÈME.

TRAITÉ D'ANATOMIE ÉLÉMENTAIRE, à l'usage des gens du monde et des jeunes gens, par M. J. Govin, D. M. ancien préparateur des leçons d'anatomie de M. Jules Cloquet, professeur; un joli vol. in-18, orné d'une figure. . . . . . . 75 c.

TRAITÉ D'ARITHMÉTIQUE COMMERCIALE, augmenté de problèmes sur toutes les opérations des calculs, à l'usage de la jeunesse de toutes les écoles, par M. Lagrange, un vol. in-18. . . 60 c.

TRAITÉ DE GÉOMÉTRIE ÉLÉMENTAIRE, à l'usage de la jeunesse de toutes les écoles, par M. Lagrange, un vol. in-18, orné de figures. 75 c.

GÉOGRAPHIE DE LA FRANCE ET DE SES COLONIES, ou description historique et topographique de chaque département, ses productions, manufactures, commerce, etc. à l'usage de la jeunesse de toutes les écoles, par M. Lallemand, géographe, 1 vol. in-18. . . . . 75 c.

TRAITÉ ÉLÉMENTAIRE DE RHÉTORIQUE ET D'ÉLOQUENCE, à l'usage de la jeunesse de toutes les écoles, par M. F. Malepeyre, avocat, 1 joli vol. in-18. . . . . 60 c.

BRÉVIAIRE DE JACQUES AMYOT (Le), joli vol. in-16, imprimé sur papier vélin. . . . . 2 f.

Charmant recueil de pensées *inédites* d'Amyot, et complément nécessaire de ses œuvres.

www.ingramcontent.com/pod-product-compliance
Lightning Source LLC
Chambersburg PA
CBHW050336170426
43200CB00009BA/1613